Les nouveaux médias

FRANCIS BALLE

Professeur à l'Université Panthéon-Assas (Paris II)

GÉRARD EYMERY

Ancien élève de l'École polytechnique
Ingénieur civil des Télécommunications

Quatrième édition mise à jour

28ᵉ mille

ISBN 2 13 047941 3

Dépôt légal — 1re édition: 1984
4e édition mise à jour: 1996, octobre

© Presses Universitaires de France, 1984
108, boulevard Saint-Germain, 75006 Paris

INTRODUCTION

Les images circulent maintenant aussi aisément que la parole et l'imprimé, d'un continent à un autre, ou à l'intérieur des communautés les plus restreintes.

Cette révolution est due à des techniques ou à des technologies, apparues au milieu des années 70, qui permettent à chacun d'accéder, sur simple commande, à des services et à des programmes toujours plus nombreux et souvent inédits : des équipements et des supports autonomes, tels que les magnétoscopes et les cassettes vidéo ; les lecteurs de CD-I ; les ordinateurs individuels et les lecteurs de CD-ROM ; des moyens originaux d'accès individuel à des images ou à des informations de toutes sortes, comme le vidéotex, la télévision codée ou les services « en ligne » ; enfin, de nouveaux réseaux, locaux ou planétaires, grâce aux câbles et à leurs combinaisons avec les satellites.

Les trois familles de médias :
les médias autonomes,
les médias de télédiffusion
et les médias de télécommunication

Baptisés médias, ces techniques et ces technologies appartiennent à l'une ou à l'autre des *trois familles* que l'on peut distinguer, si l'on prend pour critère ce que les juristes français ont appelé la « mise à disposition du public », c'est-à-dire la façon dont les usagers peuvent accéder aux programmes ou aux services qui leur sont offerts. La première famille est celle des *médias autonomes :* les vidéocassettes et les supports optiques, les logiciels et les didacticiels. A l'instar des livres, des journaux, des audiogrammes ou des films (disques microsillons, disques compacts, audiocassettes, disques optiques vidéo), leurs contenus ne sont pas séparables des contenants, les signaux sont inscrits sur les supports. Mais, leur utilisation, à l'inverse de celle des livres ou des journaux, requiert un équipement de lecture : électrophone, magnétophone, magnétoscope, lecteur de vidéodisque, micro-ordinateur. Souvent les équipements domestiques permettent, en même temps que la lecture de programmes préenregistrés, l'enregistrement individuel de programmes.

La deuxième famille est celle des *médias de télédiffusion :* les programmes ou les services sont accessibles aux usagers grâce à des équipements (prise d'antenne et/ou décodeur) permettant la connexion avec des réseaux de diffusion (réseaux hertziens terrestres, télédistribution par câble, satellite de diffusion directe). Raccordés, ces différents médias permettent d'acheminer, chez l'usager, les programmes ou les services les plus divers : radiotélévision conventionnelle, radiotélévision codée et à péage, programmes payés à la séance, vidéotransmission. Certains d'entre eux, comme le vidéotex ou les services « en ligne » associés aux programmes diffusés, permettent l'obtention de ces services ou de ces programmes sur commande individuelle, à l'instant choisi par l'usager. Pour d'autres, comme la télédistribution, avec un réseau de câbles mis en place selon une architecture en arbre, il existe une « voie de retour » : la possibilité pour l'usager de transmettre certaines messageries à la source d'où proviennent les programmes qui lui sont offerts. En ce cas, l' « interactivité » est possible, mais elle est dite « faible » : elle autorise seulement un vote, une transaction, une consultation, un paiement à distance, ou bien encore une mesure permanente du nombre des récepteurs en fonctionnement.

Enfin, la troisième famille est celle des *médias de télécommunication.* Le volume des échanges – paroles, textes, graphiques, images fixes ou animées – est le même dans les deux sens, entre la source d'où proviennent ces messages et leurs destinataires finals ; l'interactivité est dite « forte ». Les médias interactifs représentent – ou représenteront – pour tous les messages, quelle que soit leur forme ou leur finalité, ce qu'est depuis longtemps le téléphone pour la parole : ce sont les instruments d'un véritable dialogue entre deux ou plusieurs protagonistes qui sont simultanément émetteur et récepteur de « messages ». Le réseau commuté du téléphone, avec sa structure en étoile, sur laquelle se calque NUMERIS, le Réseau numérique à intégration de services (RNIS), réseau unifié capable, grâce à la numérisation de tous les signaux, la fibre optique, la structure en étoile, d'offrir tous les services interactifs d'images allant de l'accès aux images fixes et animées jusqu aux services de communications professionnelles les plus sophistiqués.

La diversité des activités de communication : l'échange, la propagation, la publication

Autonomes, raccordés ou interactifs, les médias, qu'ils soient nouveaux ou déjà anciens, sont les instruments *d'activités de communication* très variées dans leurs modalités comme dans leurs finalités. Il peut s'agir d'un *échange, confidentiel ou confraternel :* le téléphone, le télex, la messagerie télématique en sont les exemples canoniques, mais aussi la télévision à accès conditionnels, chaînes à péage ou télévision *pay per view* (paiement à la consommation). Il peut s'agir également de la *propagation d'une cause sociale,* politique ou religieuse, ou bien de la propagation *d'une identité particulière,* celle d'une minorité ethnique : les magazines spécialisés, les supports optiques (CD-I, CD-ROM) et les cassettes peuvent servir d'instruments pour de telles activités de communication, mais aussi les programmes audio ou vidéo à diffusion nationale ou internationale, avec ou non commande et facturation individuelles. Enfin, il peut s'agir de l'offre, sur un marché libre et ouvert, d'œuvres ou de nouvelles, de programmes ou de services destinés à tout le monde : la *publication,* au sens étymologique du terme – rendre public –, peut concerner une collectivité limitée géographiquement ou bien une collectivité qui ne connaît d'autre frontière que celle résultant de la volonté des hommes, de la force des choses ou des idées. Les médias *de proximité* – radios ou télévisions locales, et, les grands médias « *généralistes* », les journaux d'information générale à diffusion nationale ou les grands réseaux, nationaux ou multinationaux, de radiotélévision constituent les instruments privilégiés de cette activité particulière de communication à laquelle il convient, semble-t-il, de réserver l'appellation de publication.

Des médias nouveaux : en quel sens ?

Riches de beaucoup d'essais et d'erreurs, de succès aussi spectaculaires que les échecs sont discrets : ainsi apparaissent les techniques nouvelles de distribution, de diffusion ou de communication. Présentes d'ores et déjà sous nos yeux, elles posent la question : qu'y a-t-il de commun entre ces outils et ces réseaux, tous baptisés médias, et qualifiés de nouveaux ou de multimédias ? Est-on vraiment fondé, comme l'usage le veut, à appeler du même nom et à ranger dans une même catégorie des techniques ou des technologies aussi différentes ? Leur commune filiation avec l'électronique et leurs liaisons aussi imprévues qu'imprévisibles nous autorisent-elles enfin à les considérer ensemble, comme s'ils faisaient soudain cause commune contre des médias plus anciens – la presse, la radio, la télévision – frappés du même coup par la vieillesse ?

En cette fin du XXᵉ siècle, la réflexion sur l'information et sur la communication passe nécessairement par l'examen de ces interrogations. Différentes dans leur portée, elles convergent toutes vers une même question : en quoi ces médias sont-ils nouveaux ? Au sens où l'on dit d'un vin qu'il est nouveau, ou bien comme André de Chénier parlait d'un « penser nouveau » ? Pour qualifier par conséquent quelque chose qui est apparu pour la première fois au début des années 80 ? En ce sens, le vidéotex, premier enfant de ce que Simon Nora et Alain Minc ont appelé télématique, de préférence à téléinformatique, a bien été un média nouveau. Mais le câble coaxial, le satellite et les services « en ligne » seraient alors à ranger dans la catégorie des anciens, puisque les États-Unis, pour ne citer que ce pays, connaît leurs vertus depuis plus de vingt-cinq ans.

Ces médias seraient-ils alors nouveaux au sens où l'on dit d'un art, d'un style ou d'un langage qu'il est nouveau ? C'est-à-dire inédit, original, novateur : le contraire de traditionnel ou d'habituel. C'est affaire d'appréciation : la démultiplication de la télévision, grâce au câble, au satellite, aux vidéogrammes et aux supports optiques est très diversement prisée par ceux qu'elle soustrait aux programmations autoritaires et lointaines. Cela dépend également du parti qui est tiré des possibilités offertes par cette démultiplication : elles ne conduisent pas nécessairement vers des œuvres originales ou novatrices.

Faut-il plutôt penser que le qualificatif nouveau désigne seulement un changement d'état ; les médias n'étant devenus nouveaux qu'à la faveur d'une utilisation différente, ou de la poursuite de fins différentes ?

Ils seraient ainsi depuis peu de temps ce qu'ils sont devenus. Y aurait-il par conséquent une nouvelle télévision, différente aujourd'hui de ce qu'elle a été pendant longtemps, comme on parle de nouveaux venus, de nouveaux riches ou de nouvelles recrues ? Il est vrai que certains outils ou certaines machines à communiquer se bornent à augmenter ou à démultiplier les possibilités des grands médias « traditionnels », la presse, la radio et la télévision : ainsi le câble, la fibre optique, le satellite, la vidéographie interactive et diffusée. En l'occurrence, les médias d'hier auraient simplement changé, leurs performances n'étant plus identiques à ce qu'elles étaient, améliorées ou seulement différentes, grâce à l'adjonction d'équipements nouveaux. Mais il n'est pas moins vrai que des systèmes à communiquer comme le vidéotex, les services « en ligne » vers les micro-ordinateurs communicants ou la structure en étoile d'un réseau câblé sont nouveaux en un sens plus fort du terme : ils permettent en effet d'établir des communications inédites entre les hommes (messageries) ou avec les machines (serveurs), communications radicalement différentes de celles connues et expérimentées jusqu'à présent.

A moins qu'il faille toujours retenir l'acception la plus forte du qualificatif : nouveau désignant ce qui remplace quelque chose, au moins provisoirement, mais sans aucun espoir de retour en arrière. Y aurait-il alors des nouveaux médias, désormais, au sens où l'on parle de l'an nouveau ou du Nouveau Testament ? Jusqu'à quel point la télévision de demain, numérique, démultipliée et interactive, remplacera-t-elle celle d'aujourd'hui ou d'hier, unidirectionnelle et immanquablement distante ? Conséquence de l'avènement des nouveaux médias, le changement dans l'information et la communication est-il quantitatif ou qualitatif ? S'agit-il d'un changement de degré ou d'un changement de nature ?

D'apparition récente, opposés au déjà vu, simples prothèses pour les anciens ou bien prêts à les supplanter : laquelle de ces acceptions faut-il retenir pour ces médias décrétés nouveaux ou « multi » par l'usage ? Aucune ne convient pour les qualifier tous. Et le choix de l'une ou l'exclusion de l'autre résulterait d'une préférence, non de l'observation. Il constituerait un jugement de valeur, non un jugement de réalité. A moins que, subrepticement, il ne soit que l'expression d'une prophétie, substitut commode et rassurant de l'ignorance.

Équivoques, les mots le sont tout autant que les choses. Et les nouveaux médias seront sans doute pour ces dernières années du siècle ce que les *mass media* ont été tout au long des années 50 et 60 : la représentation imaginaire d'une réalité dont les contours et les desseins échappent à ceux qui la vivent et l'observent. Représentation qui cristallise les angoisses du présent et les espoirs de l'avenir. Représentation qui n'en fait pas moins partie intégrante de la réalité sociale elle-même.

Il serait vain par conséquent de prétendre étudier les nouveaux médias sans se référer jamais aux *mass media* auxquels souvent on les oppose, dans une symétrie apparente et trompeuse. Ils les prolongent, les démultiplient ou les remplacent. Mais la définition des nouveaux médias, leur identification comme moyens de diffuser ou de communiquer la pensée et ses œuvres, constitue un point d'arrivée, non une ligne de départ.

Le constat s'impose : l'énumération des possibilités que recèlent les techniques ne suffit pas. Encore faut-il examiner ce que la société fait de celles-ci, délibérément ou pas, qu'elle l'ait voulu ou sous le seul empire de son indétermination. L'important, ce n'est pas l'invention technique, mais l'innovation sociale, c'est-à-dire son application par une société déterminée. En ce sens au moins, les médias ne sont que ce que l'on en fait ou, mieux ou pire, ce qu'on en a fait. Et ils ne deviennent jamais que ce que l'on en fera.

Ainsi, l'identification des nouveaux médias, de leurs possibilités et de leurs utilisations, de leurs réalités autant que de leurs virtualités, renvoie sans nul doute à l'examen des différents futurs de ce monde technique peuplé d'une grande variété d'outils et de réseaux. Monde que l'on a peut-être trop hâtivement segmenté, selon une pente naturelle de la pensée.

De ces futurs, en premier lieu, qui sont déjà présents sous nos yeux : impatients ou conquérants, les ingénieurs ont pressé les gouvernants et les industriels de mettre leurs trouvailles à l'épreuve, rêvant ainsi de brûler les étapes entre les prototypes et le grand public. De ces futurs plus ou moins imaginaires, ensuite : les scénarios des ingénieurs, qui se veulent scientifiques, n'ont guère moins d'attrait, après tout, que ces lendemains que dépeignent pour nous, en rose ou en noir, les devins de l'époque. Des futurs possibles, enfin : les plus difficiles, sans aucun doute, à envisager ou à imaginer. Plus imprévisible qu'inéluctable, l'avenir n'offre guère de prise à la raison, en pareil cas, que par la considération simultanée de la nature des choses et de la volonté des hommes.

PREMIÈRE PARTIE

LES FUTURS AU PRÉSENT

C'est au XIXe siècle que l'homme commence à réaliser son rêve immémorial d'ubiquité : l'histoire de ce qu'on appellera, plus tard, les télécommunications, remonte à l'invention du télégraphe électrique, en 1837. Quelques années seulement avant cette date, les grands quotidiens d'Europe et d'Amérique du Nord faisaient entrer l'information dans une ère nouvelle : pour la première fois, des nouvelles étaient divulguées simultanément à des millions de lecteurs. Dorénavant, l'histoire des médias fut mêlée à l'aventure industrielle. L'expansion du cinéma, de la radio et de la télévision, au moins jusqu'en 1960, suivra la carrière classique des biens de grande consommation : le chemin est de plus en plus court, de l'invention d'une technique à son exploitation commerciale.

En 1964, les jeux Olympiques sont retransmis depuis Tokyo, grâce à un satellite nommé *Telstar*. L'année même où l'espace semble vaincu par l'ubiquité des images, on annonce une autre révolution, celle des vidéocassettes : capable de restituer des signaux de télévision, le nouvel outil est à l'image ce que le disque représente pour le son.

Aux États-Unis comme en Europe et au Japon, les uns comme les autres, experts ou profanes, annoncent la fin des programmations autoritaires, l'avènement révolutionnaire de la télévision « à la carte ». Désormais, la naissance de tout procédé ou de tout matériel nouveau coïncide avec l'annonce d'une révolution dans l'information et la diffusion des œuvres de la pensée.

Aucune de ces techniques, pourtant, ne peut à elle seule entraîner un tel bouleversement. C'est seulement leur expansion simultanée qui peut changer profondément le monde de la communication et de l'information. En augmentant d'abord considérablement les capacités de diffusion et de transport, grâce aux réseaux locaux, à l'utilisation de nouvelles bandes, vers les hautes fréquences, et surtout à la numérisation du traitement du signal. En permettant ensuite d'offrir sélectivement des messages toujours plus nombreux et plus « spécialisés ».

Chapitre I

DU TÉLÉGRAPHE
AUX MICRO-ORDINATEURS
COMMUNICANTS

Très rapidement, l'électricité est apparue comme le moyen technique idéal de la transmission de l'information : l'histoire de son utilisation dans les télécommunications couvre les cent cinquante dernières années. Elle est marquée par des étapes importantes tous les vingt-cinq ans environ : le télégraphe vers 1850 ; le téléphone entre 1850 et 1880 ; la transmission hertzienne vers 1900 ; la radio entre 1920 et 1930 ; la télévision

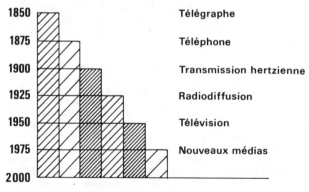

Les étapes du développement de la communication

(*In* Jos. W. Halina, *International commission for the study of communication problems*, nº 62, Communication and Communities : a North America perspective Unesco.)

entre 1950 et 1960 ; enfin, les nouveaux médias, à partir du milieu des années 70 et leurs usages multimédia au milieu des années 90.

Plus ou moins sophistiquées, ces techniques ne se sont pas développées selon un ordre chronologique : elles se sont conjuguées, souvent, à la faveur de découvertes qui leur étaient étrangères. Ainsi, à l'origine, la photographie de Nicéphore Niepce et de Jacques Daguerre, comme le phonographe de Charles Cros et Thomas Edison, ne faisaient appel à l'électricité, vecteur du télégraphe avant d'être celui du téléphone et de la radio. Mais, c'est de l'imbrication de ces diverses techniques que naquirent le cinéma et la télévision, l'informatique, puis le mariage des télécommunications et de l'informatique, et ses dérivés, prolongements marquant considérablement l'accélération des potentialités de toutes ces techniques conjuguées.

I. — Les beaux jours du télégraphe et du téléphone

Le 1er septembre 1794, une dépêche est transmise pour la première fois, de Lille à Paris, grâce au télégraphe optique de Claude Chappe. Mais c'est seulement avec le télégraphe de Samuel Morse, en 1837, que l'invention devient une véritable innovation sociale.

1. **La naissance et le développement du téléphone.** — En 1850, au premier rang parmi quelques autres, Charles Bourseul, en France, eut l'idée de remplacer le contacteur du télégraphe électrique par une membrane vibrant sous l'effet de la voix à l'émission et par un électro-aimant à la réception : le micro et l'écouteur étaient prêts, et avec eux, le téléphone. L'invention devient une innovation en 1876, lorsque Graham Bell réussit la première transmission.

Le succès fut immédiat et, avec lui, tout au long des décennies de l'expansion du téléphone, de nombreux perfectionnements apparurent : rationalisation de la conception des centraux et des réseaux ; automatisation ; changements technologiques, enfin, liés à l'introduction de l'électronique, qui allaient modifier profondément la téléphonie.

14

2. Le mariage avec l'informatique. — D'abord étrangers l'un à l'autre, le monde des télécommunications et celui de l'informatique ont commencé à avoir des domaines conjoints au milieu des années 60. Depuis, ces domaines n'ont cessé de s'étendre, la numérisation introduisant maintenant une évolution capitale : en traduisant textes, images et sons dans un même langage, celui de l'informatique, elle permet de rapprocher des données de nature différente, de les transporter par l'intermédiaire des mêmes réseaux et de les exploiter ensemble. De ce fait, la numérisation inaugure le véritable point de départ de la communication multimédia.

II. — La naissance et le développement de la radiodiffusion

A l'époque où naissait le téléphone, une invention présentée en 1881 à l'Exposition d'Électricité de Paris préfigura la radiodiffusion. Avec le théatrophone, de Clément Ader, quelques théatres étaient reliés, par fil, à des récepteurs qui furent installés, d'abord, dans certains lieux publics, et ensuite chez des particuliers.

Mais, ce n'est qu'avec les débuts de la transmission hertzienne, avec les différents travaux qui y furent liés (théories de Maxwell en 1864, expériences de Heinrich Hertz en 1887-1888 ; inventions et réalisations de Guglielmo Marconi, etc.) qu'allait naître et se développer la radiodiffusion. Vers le milieu des années 20, dans les sociétés les plus engagées dans l'industrialisation, elle allait bouleverser le monde de l'information publique et de la communication sociale.

1. Les débuts de la transmission hertzienne. — En France le général Ferrie avait, dès 1899, réalisé des expériences de télégraphie sans fil. Mais c'est Guglielmo Marconi qui prit le premier brevet d'invention de la TSF, le 2 juin 1896, en Grande-Bretagne.

Ainsi, les télécommunications par ondes hertziennes avaient servi à compléter avant de remplacer, dans certains cas, le télégraphe électrique.

Mais une nouvelle voie s'ouvrait aussi à la transmission sans fil : de même qu'on avait utilisé la TSF pour remplacer le télégraphe filaire, très vite on imagina d'utiliser ce support pour remplacer le téléphone. En effet, Guglielmo Marconi, à l'inverse de Édouard Branly, ne croyait pas que la TSF assurerait seulement les transmissions militaires ou les sauvetages en mer. Il prévoyait les prodigieuses applications de la transmission de la parole, de la musique, et leurs incidences culturelles : l'idée de la radiodiffusion était née.

2. La radiodiffusion.

— Elle fait son apparition au lendemain de la Première Guerre mondiale, et il est malaisé de dater avec précision son acte de naissance, car les expériences se confondent souvent avec les premiers programmes réguliers.

Mais l'important est ailleurs : tout au long des années 20, la radiodiffusion acquiert, l'un après l'autre, les caractères que nous lui connaissons aujourd'hui : activité à la fois industrielle et intellectuelle, aventure de la liberté d'expression. Tandis que les techniques se perfectionnent, les studios ouvrent leurs portes pour accueillir les musiciens, les artistes et les « speakers », dans le même temps, les émetteurs augmentent leur puissance et le nombre des récepteurs s'accroît de façon exponentielle. Fin 1930, la TSF est devenue la radio.

Ainsi, tout au long de ces années, la radiodiffusion française devient une institution, par adjonctions successives. Mais chacune de ses caractéristiques, aujourd'hui, remonte à cette époque. Et elles marquent souvent, en France, les attitudes adoptées vis-à-vis des médias qui naîtront après la radiodiffusion : séparation de la radio privée et de la radio publique ; instauration, en 1933, d'une redevance ; suppression de la publicité sur les programmes publics ; conflit, tout au long des années 30, entre la presse écrite et ce nouveau média.

L'immédiat après-guerre est marqué par l'interdiction des radios privées. Un peu plus tard, la radiodiffusion devient ce qu'il est convenu d'appeler un *mass media,* un moyen de communication de masse.

Pendant les deux premières décennies de leur expansion, les émissions radiophoniques ont été réalisées en modulation d'amplitude, dans les bandes de fréquence des ondes longues (couverture nationale) ou des ondes moyennes (couverture régionale). Mais c'est avec la modulation de fréquence que la qualité des émissions s'améliore très sensiblement : la première station fonctionna au début des années 40, aux États-Unis. En France, les premiers émetteurs furent installés en 1954, acheminant des programmes spéciaux dans de nouvelles bandes de fréquences.

Et l'équipement des usagers suivait le développement des réseaux et l'évolution des programmes. La radio devenait, progressivement, l'un des principaux moyens d'information au niveau mondial.

En 1989, la radio est entrée dans une nouvelle étape marquée à la fois par sa décentralisation (émetteurs locaux de très faible puissance) et par sa spécialisation (bandes de fréquences et équipements grand public spécifiques adaptés à des services particuliers tels que la radio de service ou le radioguidage). Par ailleurs, les moyens légers de production permettent une plus grande participation des usagers à l'élaboration des programmes : l'utilisateur va bientôt découvrir, avec les services « en ligne », que le programme n'est plus seulement un matériau à écouter, mais qu'il peut également le traiter lui-même ou accéder, quand il le veut, à l'information ou au programme souhaité.

L'évolution récente des techniques illustre les possibilités d'une « démultiplication » de l'utilisation de la radiodiffusion.

En effet, les récepteurs se sont diversifiés de plus en plus et des matériels réunissant les combinaisons les plus variées sont successivement apparus sur le marché (couplage avec un lecteur-enregistreur de cassettes notamment). Par ailleurs, vers 1965, on assista à l'arrivée des premiers « autoradios ». L'introduction, vers 1970, des autoradios combinés avec un lecteur de cassettes devait accélérer cette expansion.

Vers 1979-1980, on s'orienta vers des matériels de plus en plus sophistiqués, à éléments séparés, dont les caractéristiques incluaient, bien souvent, celles de la Haute Fidélité.

L'évolution des produits de type « radiorécepteur » va vers une diversification croissante aux combinaisons les plus variées (radio-magnétophones ; radioréveils ; portables ; etc.). Et bientôt les récepteurs intégreront des fonctions proches de celles des micro-ordinateurs permettant d'interroger, à la demande, des bases de données sonores.

III. – L'enregistrement du son

Alors que se développait la radiodiffusion, le problème se posait de conserver les programmes, quel que soit leur contenu ou leur vocation. Plusieurs techniques illustrent l'histoire de l'enregistrement du son :

elles marquent chacune une étape décisive pour l'affranchissement de l'auditeur.

1. **Un ancêtre unique : le cylindre.** — En 1877, Charles Cros déposa à l'Académie des Sciences de Paris, un pli cacheté décrivant « le Paléophone, le cylindre et le disque » et fit une communication intitulée « Procédé d'enregistrement et de reproduction des phénomènes perçus par l'ouïe ». Quelques mois plus tard, Thomas Edison déposait son brevet et réalisait un appareil. Le cylindre survécut jusqu'en 1919, malgré sa fragilité et son encombrement.

2. **Le disque.** — Améliorant sensiblement les conditions de duplication, le disque et son associé, le « pick-up », se sont développés vers 1900-1910. En dépassant les procédés purement mécaniques et en utilisant l'énergie électrique, l'enregistrement s'améliorait : rotation à vitesse constante par l'intermédiaire d'un moteur ; prise de son par l'intermédiaire du microphone ; amplification électrique permettant d'élargir les bandes passantes utilisables introduction du double face pour accroître la durée. Le « 78 tours » était né.

L'après 1945 vit le succès triomphal du « pick-up », et le remplacement du disque traditionnel par le « microsillon », obtenu grâce aux progrès de l'industrie chimique. En outre, en ramenant la vitesse de rotation du disque à 33 tours par minute, on put obtenir environ une demi-heure par face.

Ultérieurement, l'évolution du matériel et l'amélioration de sa qualité permettront le développement massif des lecteurs et des enregistrements : le pick-up se transforme en électrophone, bientôt suivi par la chaîne « haute-fidélité » qui, elle aussi, connaîtra de nombreuses améliorations notamment par l'assemblage d'éléments compacts ou portables, en même temps que l'avènement du lecteur de disques audionumériques.

3. **L'enregistrement magnétique.** — C'est en 1888, que l'idée de l'enregistrement magnétique fut avancée, par Oberlin Smith, sous une forme proche des réalisations actuelles. Mais ce ne fut seulement qu'en 1945, avec l'apparition du magnétophone à bande, qu'on put enregistrer effectivement le son, en exploitation normale.

Le magnétophone, tel que nous le connaissons aujourd'hui, résulte de trois perfectionnements décisifs : la réalisation des supports enduits d'oxydes métalliques finement divisés (Pfleumer) ;

l'introduction de circuits magnétiques en anneau (Schuller); enfin, la polarisation haute fréquence. La théorie et la technologie continuèrent à évoluer: théorie de Schwantke en 1958; contributions expérimentales en 1960; magnétophones à cassette qui, progressivement, se sont substitués aux magnétophones à bobine. L'équipement des ménages s'est alors considérablement accru.

IV. — L'audionumérique

La mise au point, en 1986-1987, de la radiodiffusion sonore numérique (Digital Audio Broadcasting DAB) pour la diffusion de programmes radio en son numérique, a progressivement ouvert des perspectives et des évolutions importantes: diffusion sur différents supports (émetteurs terrestres ou satellite); utilisation de différents types de récepteurs (fixes, mobiles ou portatifs); lancement du magnétophone à cassettes numériques (Digital Audio Tape = DAT); lancement de la cassette compacte numérique en 1992 (Digital Compact Cassette = DCC); lancement, la même année, du Mini Disc, lecteur de disques optiques audionumériques de 6,4 cm permettant à la fois de lire et d'enregistrer du son numérique; lancement, début 1994, de Multiradio, service de radios numériques thématiques à péage, en diffusion sur le câble et, début 1996, passage sur satellite («bouquet» de 9 programmes, fin 1995, qui devrait progressivement comprendre une quarantaine de thèmes).

V. — La naissance et le développement de la télévision

La transmission à distance d'images fixes avait retenu l'attention des ingénieurs depuis le milieu du XIXe siècle. Mais la télévision, transmission à distance d'images animées, est née de la conjonction de trois séries de découvertes: la photoélectricité qui permet la

Les étapes du développement du traitement du son et de la radiodiffusion

LES TECHNIQUES | | LES UTILISATIONS

Théorie de Maxwel sur la propagation electromagnétique		1837 Télégraphe électrique de Morse
	1865	
	1875	1876 Première transmission téléphonique
Cylindre enregistreur de Charles Cros	1877	
Début et enregistrement parallèle d'E. Berliner	1887	1881 Téatrophone de Clément Ader
Idée de l'enregistrement magnétique par Oberlin Smith	1888	
Télégraphie sans fil		1896 Brevets de Marconi (transmission radio)
	1900	1900
Naissance du 78 tours		1900/05 Triode de Lee de Forest
Premier poste à galène	1910	
		1913 300 stations TSF ouvertes au public en Europe
Fin de la fabrication des cylindres	1918	1921 Expérience du Général Ferrie
	1925	1922 Premier poste privé français : Radiola
Exploitation de la machine de Stille	1930	
Fin de l'exploitation de la machine à ruban d'acier de Stille	1936	1931 Naissance du radio reportage
Magnétophone	1940	1937 Lancement des radio-crochets
Disque microsillon (33 t puis 45 t)		
		1945 Rétablissement du monopole de la radio en France et centralisation des programmes
Invention du transistor	1948	
Triomphe de l'enregistrement magnétique professionnel du son	1950	1950
		1953 La haut-fidélité
		1954 Démarrage de la modulation de fréquence en France
Début de l'enregistrement magnétique dans ses utilisation grand public	1960	1960 Développement des radios générales en France
	1975	
Disque laser audio-numérique	1978/1982	1978/82 Développement des radios locales en France
Mise au point radiodiffusion sonore numérique (DAB)	1980/87	1985/88 Développement du compact disc Lancement du magnétophone à cassette numérique
		1992 Lancement de la cassette compacte numérique (DDC) Lancement du lecteur de disque Mini Disc
		1993 Lancement de Multiradio

transformation de l'énergie lumineuse en énergie électrique ; ensuite, l'analyse ligne à ligne et point à point d'une image ; enfin, la transmission hertzienne, qui permet la transmission des signaux électriques correspondant à chacun des points analysés.

1. **De l'innovation aux prototypes.** — C'est seulement après 1900 que le traitement de l'image a pu se développer avec la lampe de Thomas Edison qui assurait la transformation courant-lumière et l'utilisation des premières cellules photoélectriques sensibles à la lumière, pour la reconvertir en courant.

Les principes du balayage, expérimentés, en 1881, avec le télectroscope de Constantin Senlecq, furent repris par de nombreux chercheurs. Mais les commutations du balayage étaient toujours mécaniques ou électromécaniques. Pour transformer le courant en lumière, les essais se sont déroulés entre 1870 et 1910. Et ce ne fut qu'en 1911 que des démonstrations concluantes furent réalisées sur un nouveau dispositif : le tube cathodique. Toutes ces recherches et ces essais allaient déboucher sur la naissance de la télévision moderne, vers 1938.

Le mot « Télévision » fit son apparition, en 1900, lors d'une conférence prononcée à l'Exposition universelle de Paris. Et dès 1925, furent présentés les premiers systèmes complets. Cette période de démonstrations publiques succédait aux expériences et allait conduire à une exploitation normale : en 1935, les premières émissions étaient diffusées, en 180 lignes, dans la bande VHF, à partir de la tour Eiffel.

Ainsi démarrait, en France, la télévision. En 1937, à l'occasion de l'Exposition internationale de Paris, un émetteur était mis en service, qui restera en exploitation jusqu'en 1956, ainsi qu'un système à définition de 455 lignes. Après 1945, les émissions reprirent à partir des locaux de la rue Cognacq-Jay. Enfin, en 1948, un arrêté fixait les normes du système français de télévision à 819 lignes. Les premières émissions débutaient en 1949.

2. **L'expansion de la télévision.** — La période d'expansion de la télévision française commence en 1950, avec l'extension du réseau, les premiers téléviseurs dans les classes moyennes, la découverte de l'expres-

sion « télévisuelle », enfin, l'augmentation du nombre d'émissions et de la durée des programmes.

Les efforts des réalisateurs et des techniciens, avec des moyens souvent réduits, allaient permettre une extension des programmes et un certain nombre d'opérations marquantes : retransmission, en 1953, du couronnement de la Reine d'Angleterre ; développement de la production filmée, en 1957, et des actualités, en 1958 ; premières tentatives d'enregistrement magnétique, en 1959 ; et développement des moyens vidéo mobiles en 1960.

Dès le début des années 60, la télévision est devenue en France un *mass media :* ce qui la caractérise, avec la « banalisation » du récepteur de télévision, c'est l'allongement de la durée de programmation et l'augmentation simultanée du nombre d'émissions « grand public ». Mais la télévision retint l'attention des politiques, plus en France, que partout ailleurs. Et les réformes se succèdent, montrant que ses institutions entrent difficilement « dans les mœurs » : 1959, 1964, 1972, 1974, 1982, 1986,1988. L'évolution des programmes suggère pourtant le rapprochement avec la presse non quotidienne, tout au moins après 1970 : les programmes d'un seul public prennent progressivement le pas sur les programmes « grand public ». A ce signe, la télévision cesse d'être exclusivement un *mass media.* Après le milieu des années 70, on enregistre une certaine désaffection des téléspectateurs. Déjà, des nouvelles techniques font leur apparition, qui banalisent le petit écran.

Cette évolution est marquée, après 1960, par une augmentation du nombre des programmes offerts (2e chaîne en 1964 ; 3e chaîne en 1972 ; régionalisation ; coloration progressive de la 1re chaîne après 1975 ; démarrage de Canal Plus en 1984 ; création en février 1986 de la Sept, Société d'Édition de Programmes qui s'est transformée début 1989 en diffuseur ; 5e et 6e chaînes en 1986 ; lancement des chaînes thématiques par câble puis par satellite à la fin des années 80 et au début des années 90). Et, fin 1994 / début 1995, la numérisation du traitement du signal, démultiplie largement l'offre (150 programmes proposés par satellite, aux États-Unis, avec le système Direct TV ; lancement de bouquets numériques par satellite, en France, en 1996).

L'équipement des ménages suivit le développement de la couverture, la multiplication des canaux et l'augmentation de la durée des programmes. De 1,9 million d'appareils à la fin de 1960, on était passé à plus de 26,6 millions en 1987, représentant alors 94 % des ménages. Et, en 1995, le parc a atteint 35 millions d'appareils.

VI. — L'enregistrement de l'image animée

En même temps que se développait la télévision, apparaissait la nécessité d'enregistrer l'image. Les premières tentatives s'appuyèrent sur le support « film », et consistaient à filmer, avec une caméra du type « cinéma », l'image d'un récepteur de télévision. Ce procédé, le kinescope, de qualité médiocre, fut essayé, en France en 1954, et exploité normalement à partir de 1956.

A la même époque, vers 1954, d'autres recherches s'orientaient vers l'enregistrement magnétique.

En effet, l'étude d'un appareil capable d'enregistrer des images sur bande magnétique apparaissait, aux États-Unis, comme la seule solution aux difficultés d'exploitation de la télévision. Certes, les réseaux hertziens permettaient de transmettre les programmes d'un point à un autre du pays mais le problème du décalage horaire se posait ; pour être diffusé à des heures convenables, le même programme, transmis d'Est en Ouest, devait être différé de une à quatre heures selon l'emplacement des stations.

Le kinescope n'apportant que des solutions peu acceptables, l'enregistrement magnétique bénéficia de moyens de recherche importante : vers 1955, plusieurs laboratoires étaient engagés dans l'étude du procédé.

Toutefois, aucun résultat positif n'avait été obtenu, lorsqu'en 1957 apparut le magnétoscope Ampex utilisant la solution originale des têtes tournantes. Pour enregistrer une image contenant une grande quantité d'informations, il est nécessaire de disposer de vitesses relatives de la tête par rapport à la bande extrêmement élevées – plusieurs mètres par seconde. Pour les obtenir sans être obligé de mettre en œuvre des quantités trop importantes de bande magnétique, on a écarté le défilement linéaire (type magnétophone) et adopté des têtes tournantes. En pratique, la bande défile à une vitesse basse devant un disque supportant une ou plusieurs têtes et tournant à grande vitesse. Plusieurs types de matériels ont été exploités entre 1960 et 1980 :

— Dans le défilement transversal, un disque d'environ 5 cm de diamètre portant quatre têtes tourne à 250 tours par seconde, devant une bande de 5 cm de large défilant longitudinalement. Cet équipement fut expérimenté, en France, en 1959, et mis en exploitation l'année suivante. Progressivement, son utilisation fut étendue dans les studios, puis dans les équipements de reportage.

— Quelques années plus tard, dans le milieu de la décennie 1960-1970, une évolution intervint quant au type de défilement.

Dans ce procédé hélicoïdal, qui sera utilisé dans les vidéocassettes, la bande, d'une largeur inférieure ou égale à 2,5 cm s'enroule en hélice autour d'un tambour de 10 à 20 cm portant une ou deux têtes et tournant de 1 500 à 3 000 tours par minute. Selon la façon dont la bande s'enroule, on parle d'un défilement en α ou en Ω.

	Les cinq âges de la télévision	
1945	l'hertzien	le réseau couvre aujourd'hui la quasi-totalité du territoire français (une dizaine de milliers d'émetteurs et de réémetteurs)
1986	le câble	les foyers sont reliés à une tête de réseau qui redistribue localement les programmes
1988	le satellite	les foyers reçoivent les programmes émis sur une antenne parabolique (individuelle ou collective)
1995-1996	le numérique	cette technologie permet de démultiplier l'offre de programmes sur le câble, le satellite ou les émetteurs hertziens
1998-2000	l'interactivité	cette technologie permet au téléspectateur de choisir ce qu'il veut voir, de faire une transaction, de voter, de passer une commande

L'ensemble de ces développements marquèrent une évolution technique considérable et eurent une incidence importante sur la télévision. Au niveau professionnel, le magnétoscope permit de nouvelles méthodes de travail (enregistrement par séquence, relecture immédiate d'une scène). Mais, en plus de ces équipements, utilisés par les organismes de télévision, on vit apparaître des magnétoscopes moins complexes et moins encombrants. En même temps se développaient les premières versions grand public qui allaient déboucher, vers la fin de la décennie 1970, sur les lecteurs de vidéocassettes, puis les caméras vidéo et les

Les étapes du développement de l'enregistrement et de la distribution des images animées

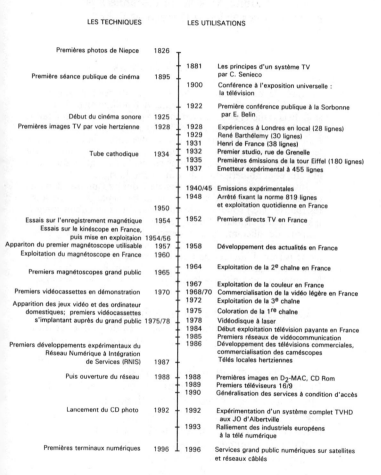

LES TECHNIQUES		LES UTILISATIONS	
Premières photos de Niepce	1826		
		1881	Les principes d'un système TV par C. Senieco
Première séance publique de cinéma	1895	1900	Conférence à l'exposition universelle : la télévision
		1922	Première conférence publique à la Sorbonne par E. Belin
Début du cinéma sonore	1925		
Premières images TV par voie hertzienne	1928	1928	Expériences à Londres en local (28 lignes)
		1929	René Barthélemy (30 lignes)
		1931	Henri de France (38 lignes)
Tube cathodique	1934	1932	Premier studio, rue de Grenelle
		1935	Premières émissions de la tour Eiffel (180 lignes)
		1937	Emetteur expérimental à 455 lignes
		1940/45	Emissions expérimentales
		1948	Arrêté fixant la norme 819 lignes et exploitation quotidienne en France
	1950		
Essais sur l'enregistrement magnétique	1954	1952	Premiers directs TV en France
Essais sur le kinéscope en France, puis mise en exploitaion	1954/56		
Appariton du premier magnétoscope utilisable	1957	1958	Développement des actualités en France
Exploitation du magnétoscope en France	1960		
Premiers magnétoscopes grand public	1965	1964	Exploitation de la 2e chaîne en France
		1967	Exploitation de la couleur en France
Premiers vidéocassettes en démonstration	1970	1968/70	Commercialisation de la vidéo légère en France
		1972	Exploitation de la 3e chaîne
Apparition des jeux vidéo et des ordinateur domestiques; premiers vidéocassettes s'implantant auprès du grand public	1975/78	1975	Coloration de la 1re chaîne
		1978	Vidéodisque à laser
		1984	Début exploitation télévision payante en France
		1985	Premiers réseaux de vidéocommunication
Premiers développements expérimentaux du Réseau Numérique à Intégration de Services (RNIS)	1987	1986	Développement des télévisions commerciales, commercialisation des caméscopes Télés locales hertziennes
Puis ouverture du réseau	1988	1988	Premières images en D$_2$-MAC, CD Rom
		1989	Premiers téléviseurs 16/9
		1990	Généralisation des services à condition d'accès
Lancement du CD photo	1992	1992	Expérimentation d'un système complet TVHD aux JO d'Albertville
		1993	Ralliement des industriels européens à la télé numérique
Premières terminaux numériques	1996	1996	Services grand public numériques sur satellites et réseaux câblés

camescopes (1984-1985). Entre 1970 et 1974 eurent lieu, aussi, les premières démonstrations de vidéodisques par les fabricants d'électronique grand public qui allaient conduire, vers la fin des années 80, aux supports optiques vidéo (CD-vidéo, CD-photo, CD-I, CD-ROM, etc.).

VII. — Les micro-ordinateurs

Après la mise en place des systèmes de télécommunication comme le télégraphe et le téléphone, et simultanément à l'expansion de la radio et de la télévision, apparaissait et se diversifiait la téléinformatique. Apparue à la fin des années 60, cette technique était la première à naître de la rencontre entre l'informatique et les télécommunications. Elle était très directement liée à une révolution industrielle, intervenue en 1959 : l'invention du circuit intégré, et la numérisation du traitement du signal.

Jusqu'à cette date, les circuits électroniques utilisés dans les ordinateurs comprenaient des éléments séparés (transistors, résistances, etc.) soudés entre eux. Mais, avec le circuit intégré, ces différents éléments furent réalisés d'une seule pièce, sur un support de silicium, ce qui permit d'obtenir de très grandes séries, à très bas prix. Puis, ultérieurement, l'évolution technologique permit d'intégrer de plus en plus de circuits sur quelques millimètres carrés. Et aujourd'hui, ils remplissent toutes les fonctions d'une unité centrale d'ordinateur : ce sont les microprocesseurs.

Cette technologie allait envahir tous les domaines de l'existence quotidienne : calculatrices de poche, équipements ménagers, automobiles, téléphone, jeux vidéo.

Fin 1981, l'ordinateur domestique fait son apparition dans le grand public, pour des services simples (mémorisation, tri ou calcul), et pour des opérations plus complexes. Avec le perfectionnement accru des logiciels, il devient plus facile, pour un avocat, de retrouver une loi ou un texte juridique dans une banque de données ; de retrouver, pour un médecin, le dosage de tel ou tel médicament.

En France, en cinq ans, de 1982 à 1987, le parc de micro-ordinateurs domestiques est passé de 100 000 à

650 000 unités. Fin 1995, le parc des appareils domestiques était d'environ 3 millions d'unités (dont, pour le grand public, environ 200 000 Modem et autant de lecteurs de CD-ROM). Mais, au début des années 90, avec la numérisation du signal, s'engage le débat sur le multimédia, les autoroutes de l'information et sur le micro-ordinateur communicant, dans les entreprises, puis dans les ménages. D'ici la fin du siècle, ces matériels devraient connaître un très important développement.

Chapitre II

LES NOUVEAUX MÉDIAS

Des images de télévision franchissent l'Atlantique, pour la première fois, en juillet 1962 : c'est un Canadien, Marshall McLuhan, qui évoquait alors l'avènement du « village global ». Expression à laquelle Jean Cazeneuve substituera, au début des années 70, celle de société de l'ubiquité. A la même époque, quelques prophètes de l'audiovisuel, émerveillés par les expériences nord-américaines des télévisions communautaires, annonçaient la fraternité grâce à l'électronique et au câble. La révolution n'a pas eu lieu.

Au début des années 90, le décor est différent. Ce sont des ingénieurs et des hauts fonctionnaires qui parlent de l'informatisation de la société française. Ce sont des techniciens et non des sociologues qui forgent le mot « multimédia », à la conjonction des télécommunications, de l'informatique, de l'audiovisuel et de l'édition. Ils président, ensemble, à l'exploitation de nouveaux modes de communication, avec les vidéocommunications et les satellites, avec Télétel et les services « en ligne » (sur les réseaux de télécommunication). Grâce à cette dernière innovation et à son évolution vers le multimédia, la France prend un pari pour le développement des services de communication de la fin du siècle.

En donnant naissance à des possibilités inédites de communication, les liaisons nouvelles et multiples entre le téléphone, l'ordinateur et un écran de visualisation mettent en cause les frontières qui ont séparé depuis toujours les grands médias. Avec ces développements, advient le temps où se multiplient les liaisons, imprévisibles ou à peine imaginables quelques années seulement auparavant, entre les équipements audiovisuels, les télécommunications, l'informatique et l'édition.

Dès le début, ce mariage a été un aspect particulier d'un phénomène général qui s'amplifie : l'interpénétration croissante des activités intellectuelles et industrielles des médias. Reste à s'interroger sur le degré d'interaction entre les médias, anciens et nouveaux confondus, et la société. Reste à savoir dans quelle mesure celle-ci est disposée à s'engager dans les chemins d'un futur dont les ingénieurs ont été les initiateurs.

Les nouvelles technologies de la diffusion et de la communication affectent simultanément trois domaines différents. D'abord, celui de la transmission et de l'aiguillage de l'information, avec l'extraordinaire accroissement des possibilités de transport et de diffusion liées au numérique (au cours des prochaines années). Ensuite, celui du recueil, de la visualisation et de la présentation de l'information : l'écran de télévision ou d'un terminal à écran dédié (le Minitel puis le micro-ordinateur domestique) devient l'instrument privilégié pour l'affichage des informations transmises. Enfin, celui du stockage et du traitement de l'information : sur ce terrain, l'évolution, liée à la numérisation de l'image, suit le progrès des techniques informatiques et des télécommunications.

Pour des raisons de commodité didactique, on peut distinguer, parmi les médias aujourd'hui décrétés nouveaux, deux catégories différentes. Dans une première catégorie, on trouve les techniques ou les technologies d'apparition récente, qui prolongent ou démultiplient les capacités des moyens traditionnels de diffuser ou de transmettre des textes, des données, des images ou des sons : il s'agit des câbles, des satellites, et de leurs éventuelles combinaisons. Dans une seconde catégorie, on peut ranger tous ceux des équipements apparus récemment qui permettent à chacun d'accéder, sur simple commande individuelle, aux services ou aux programmes de son choix : ces équipements font penser aux outils dont parlait Bergson, en ce qu'ils prolongent, non plus la main de l'homme, mais les capacités de son cerveau, associées aux fonctions de l'œil et de l'oreille. Parmi ces nouveaux programmes ou services à la demande figurent aujourd'hui la vidéo domestique, avec les magnétoscopes, les camescopes et les vidéogrammes, la vidéographie, essentiellement sous la forme interactive (Télétel et micro-ordinateur communicant), et les dispositifs d'accès à des programmes codés de radio ou de télévision.

I. — Les nouveaux réseaux de diffusion ou de transmission

D'apparition récente, certains médias permettent d'améliorer les performances des anciens réseaux de communication : la télédistribution, les satellites de diffusion directe.

1. La télédistribution : un chaînon entre deux infinis. — Si l'on consent à considérer l'utilisation qui en est faite plutôt que les caractéristiques proprement techniques, nous pouvons en proposer la définition suivante :

La télédistribution *est un ensemble d'équipements – un média – comprenant notamment une station (tête de réseau) et un réseau de câbles, et permettant d'acheminer vers les foyers qui sont « raccordés » à cet ensemble, des programmes audiovisuels, qu'ils soient produits par la station, déjà inscrits sur des audio ou des vidéogrammes, ou bien captés sur les faisceaux hertziens ou grâce à des liaisons avec les satellites.*

Il existe actuellement trois sortes de câbles : *les câbles à paires torsadées,* capables de transmettre un canal de télévision sur une courte distance ; *les câbles coaxiaux,* les plus répandus, dont la capacité de transmission peut supporter quelques dizaines de canaux de télévision ; enfin, *les câbles à fibres optiques* (ou fibre de verre) : pour un câble à 30 fibres, on peut aujourd'hui aller jusqu'à 120 canaux.

Ce sont les plus petits pays qui se sont engagés les premiers, en Europe, dans l'aventure de la télédistribution : Belgique ; Hollande ; Danemark et Norvège. Dès les dernières années 70, la France, la Grande-Bretagne et l'Allemagne de l'Ouest décidaient de rattraper le temps perdu, attentifs aux résultats des premières expérimentations de la fibre optique, capable de transmettre, en plus d'un éventail élargi de programmes de télévision, une vaste gamme de services interactifs. Dès 1979, à l'instar de ses deux voisins et rivaux, la France entendait faire de son retard un privilège décisif pour devancer les Américains et les Japonais dans la mise en place de réseaux de fibre optique, instrument de l'informatisation de la société. A l'évidence, le pari était à la fois technique et commercial, lorsque la Direction générale des Télécommunications, en 1979, fut chargée par le Gouvernement de lancer à Biarritz un réseau expérimental utilisant la fibre optique.

L'opération « Biarritz fibres optiques » avait pour objectifs de fournir à l'industrie française des télécommunications, le support d'une maîtrise industrielle et opérationnelle des techniques optoélectroniques et faire une vitrine internationale, acquérir une connaissance pratique de la mise en œuvre et de l'exploitation d'un réseau multiservices, ouvrir un champ d'expérimentation de services auprès d'un nombre significatif d'utilisateurs.

Inauguré le 21 mai 1984, ce réseau proposait deux types de services : le service de radiodiffusion sonore et de télévision (15 chaînes de télévision, 12 chaînes de radio hi-fi) ; les services commutés qui permettaient l'établissement, à la demande, de liaisons entre deux abonnés transmettant le son et l'image. Le terminal utilisé (visiophone) permettait, en outre, l'accès au réseau téléphonique général et au réseau vidéotex.

L'évolution du câble en France

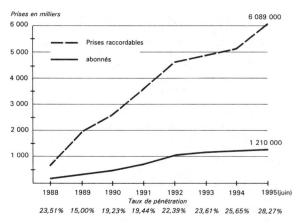

Source : AVICA (juin 1995), in *Antennes* (août 1995).

**Les chiffres du câble français
par opérateur en 1995 (juin)**

Opérateur	Nombre de sites	Nombre de prises	Nombre de raccordés	Nombre d'abonnés	Taux de pénétration	
					Abonnés	Total
Bordeaux						
TC	1	149 138	24 822	22 561	15,13 %	16,64 %
CGV	33	1 861 803	487 828	310 825	16,69 %	26,20 %
Citécâble	14	50 040	6 972	6 686	13,36 %	13,93 %
Est Vidéocom	70	130 162⁻	50 601	50 601	38,88 %	38,88 %
France Télécom Câble	21	1 125 099	356 154	196 842	17,50 %	31,65 %
Lyonnaise Com.	25	2 039 735	476 810	370 057	18,14 %	23,38 %
RCF	9	200 000	51 251	51 251	25,63 %	25,63 %
Régicom/Nec	8	17 093	6 662	6 662	36,98 %	36,98 %
SCGS	7	6 026	2 231*	1 877	31,15 %	38,52 %
TDF	64	262 365	131 675	91 753	34,98 %	50,19 %
Vidéopole	52	135 219	42 437	21 718	16,06 %	31,38 %
Autres*	30	112 597	83 616	78 292	69,53 %	74,26 %
Total	334	6 089 277	1 721 149	1 209 125	19,86 %	28,27 %

* Régies, SEM, SA, SIVU...

Source : AVICA (juin 1995), in *Antennes* (août 1995)

1 500 abonnés, dont 200 professionnels, ont ainsi pu vivre une expérience de communication totale. En quatre ans, moins de 8 % de l'ensemble des abonnés ont souhaité ne plus avoir accès aux services pour une raison autre que le changement de domicile ou le déménagement. L'expérimentation d'un canal cinéma, mis en place lors des six premiers mois de 1987, a permis d'atteindre une pénétration de 10 % après une courte période commerciale de quinze jours environ. Le canal local a permis de fidéliser chaque jour ouvrable entre 15 % et 20 % des abonnés, avec commentaire en direct de l'actualité par une personne intervenant par visiophone. Après un an de fonctionnement, la première télévidéothèque a su séduire 15 % des abonnés qui ont effectué au moins une programmation (4 % des abonnés l'utilisaient régulièrement une fois par mois, ce qui correspond à une audience de 2 à 4 % sur les canaux distribuant les programmes de la télévidéothèque).

Le gouvernement définit le plan câble, le 3 novembre 1982, poursuivant ainsi dans la voie d'une logique que l'on qualifia d'« industrielle ». L'ambition affichée était alors d'engager la

Le câble en Europe en 1994

Pays	Foyers TV	Raccordés	Abonnés	Pénétration
Allemagne	33 400 000	21 550 000	14 500 000	43,41
Autriche	3 070 000	1 650 000	950 000	30,94
Belgique	3 950 000	3 700 000	3 600 000	91,13
Danemark	2 340 000	1 700 000	1 200 000	51,28
Espagne	15 000 000	900 000	200 000	1,30
Finlande	2 240 000	1 300 000	850 000	37,94
France	22 000 000	5 920 000	1 654 000	7,51
Grande-Bretagne	21 600 000	4 100 000	850 00	3,90
Irlande	1 030 000	500 000	450 000	43,68
Luxembourg	94 000	86 000	81 000	86,31
Norvège	1 750 000	850 000	650 000	37,14
Pays-Bas	6 370 000	5 950 000	5 750 000	90,26
Suède	3 500 000	2 200 000	1 850 000	52,85
Suisse	2 950 000	2 200 000	2 150 000	72,88

* Pourcentage de foyers abonnés par rapport au nombre total de foyers TV.

Source : APEC (Association of Private European Cable Operators-1995), in *Antennes* (juin 1995).

France dans la voie conduisant à la réalisation de « réseaux nationaux multiservices à large bande, impliquant la distribution en étoile l'utilisation de la fibre optique et le traitement de l'information par commutation et numérisation ». Interactifs et utilisant une technologie de pointe, de tels réseaux devaient permettre d'envisager « l'offre d'une vaste gamme de services et de programmes (...), pour les particuliers comme pour les entreprises ».

La première étape de réalisation du plan câble a conduit alors les collectivités locales à lancer des études de faisabilité (études techniques, menées par France Télécom ; études commerciales, avec les opérateurs du service de télédistribution) et à négocier des conventions pour la construction des réseaux et l'exploitation du service. En juin 1986, la volonté du gouvernement de tenir les engagements pris par l'État a conduit à demander à ces collectivités si elles souhaitaient poursuivre leur projet aux conditions retenues dans le plan câble. Cette seconde étape s'est poursuivie par la négociation et la signature de 50 accords définitifs entre les villes, les opérateurs et France Télécom. Les derniers accords ont été signés en mars 1988.

Le programme résultant de ces accords concerne environ 5,6 millions de prises raccordables (près du quart des foyers français) et environ 200 communes. Pour ces sites, les conditions de réalisation et d'exploitation étaient celles définies dans le plan câble.

Sur le plan technique, le développement de la télédistribution sur les réseaux de vidéocommunications a permis à France Télécom de développer en parallèle deux filières : l'une à distribution en étoile réalisée en fibre optique (1G), et l'autre à distribution en arbre réalisée en coaxial (0G).

A partir de mi-86, le développement des réseaux s'est opéré dans un cadre juridique nouveau (loi du 30 septembre 1986) : les collectivités locales avaient le choix du maître d'ouvrage. C'est ainsi qu'une centaine de projets sous maîtrise d'ouvrage privée ont vu le jour. Ils représentent près de 2 millions de prises raccordables. Cette tendance est intéressante car les sites concernés sont des villes petites et moyennes constituant une part substantielle du marché. Des opérateurs ont même engagé le câblage de sites ruraux. Par ailleurs, ceci a eu pour effet d'ouvrir la diversité dans le choix des techniques de câblage et, ainsi, de dynamiser les industriels du secteur et leurs partenaires.

Enfin, en 1992, une nouvelle et importante adaptation eut lieu avec la possibilité donnée à France Télécom de devenir exploitant commercial de réseaux, au même titre que les autres câbloopérateurs : c'est dans ce cadre que se mit en place la Société France Télécom Câble.

Le plan câble en faisant un double choix technique pour la distribution (le coaxial et la fibre optique) n'a pas seulement pris en compte l'état des disponibilités et les développements des techniques, il a opté pour le développement futur des réseaux qui devait conditionner l'extension aux services interactifs. En effet, l'évolution et la particularité des réseaux, et en particulier leur aptitude ou non à l'interactivité, sont très liées aux choix techniques de leur structure.

2. **Les satellites : les chemins du ciel.** — C'est en 1962, cinq ans après le lancement de Spoutnik, que le satellite américain Telstar est utilisé pour transmettre les premiers signaux de télévision à travers l'espace. En 1965, était lancé Early Bird (Intelsat I),

L'architecture des réseaux

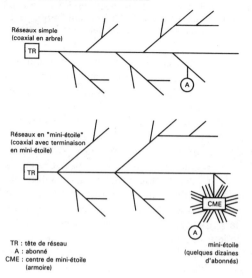

Réseaux simple
(coaxial en arbre)

TR

Réseaux en "mini-étoile"
(coaxial avec terminaison
en mini-étoile)

TR

CME

A

mini-étoile
(quelques dizaines
d'abonnés)

TR : tête de réseau
A : abonné
CME : centre de mini-étoile
(armoire)

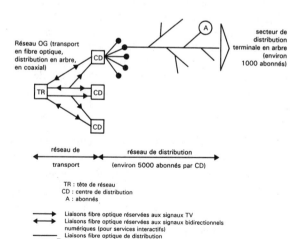

Réseau OG (transport
en fibre optique,
distribution en arbre,
en coaxial)

A

secteur de
distribution
terminale en arbre
(environ
1000 abonnés)

CD

TR

CD

CD

| réseau de | réseau de distribution |
| transport | (environ 5000 abonnés par CD) |

TR : tête de réseau
CD : centre de distribution
A : abonnés

→ Liaisons fibre optique réservées aux signaux TV
↔ Liaisons fibre optique réservées aux signaux bidirectionnels
numériques (pour services interactifs)
— Liaisons fibre optique de distribution
►— Liaisons coaxiales

premier satellite en orbite géostationnaire. Dix ans plus tard, démarrait aux États-Unis, le premier service de télévision à péage par satellite (Home Box Office), tandis que la France et l'Allemagne commençaient à expérimenter le système Symphonie.

L'utilisation des satellites en télévision a maintenant plus de 30 ans. Alors qu'à l'origine, on pensait que le marché des satellites se développerait sur celui du téléphone, des transmissions de données et des télécommunications en général, il est progressivement devenu évident que satellite et télévision constituent les deux pôles des communications spatiales. Ainsi, même si aujourd'hui les satellites demeurent indispensables aux services de télécommunication et s'ils occuperont une certaine place dans les communications avec les mobiles (téléphone notamment), c'est la télévision qui assure le principal de leur marché grâce à la permanence de leur clientèle.

Les satellites de communication et de télévision sont tous placés sur une orbite dite «géostationnaire». Cette orbite est circulaire, située au niveau de l'équateur à 35 800 km de la terre. Se déplaçant à la même vitesse que la terre et dans le même sens qu'elle, ces satellites paraissent ainsi immobiles au-dessus d'une région donnée, d'où leur nom de «géostationnaire». Ces satellites sont situés sur des longitudes identiques ou proches des zones qu'ils doivent desservir.

A) *Les différents types de satellites.*

La diffusion de télévision a longtemps fait appel à trois types de satellites qui permettaient trois niveaux de service différents : seuls les deux premiers types de matériels sont aujourd'hui en exploitation.

1. **Les satellites de télécommunications** (Intelsat par exemple) **de faible puissance** (de 10 à 20 W), dotés d'un grand nombre de canaux (répéteurs) (16 en moyenne)

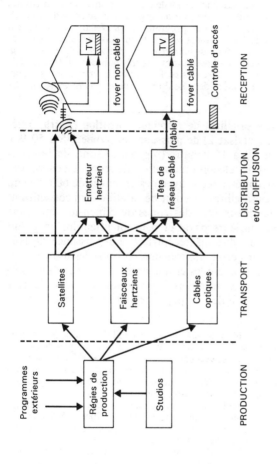

La desserte des ménages en télévision

37

et qui ne peuvent que difficilement être reçus par des particuliers.

Ce sont des satellites dits « de contributions » qui assurent des liaisons de point à point, sur de larges zones ou entre deux continents. Ils reçoivent des programmes provenant d'une station émettrice et les renvoient vers une ou plusieurs stations réceptrices reliées à des réseaux terrestres (hertzien, câble). Dans la mesure où ces satellites ne sont pas très puissants, les stations de réception doivent être très performantes. Leur position sur l'orbite géostationnaire découle du principe *« premier arrivé premier servi »*.

2. **Les satellites de télécommunication** (Astra, Télécom 2, Eutelsat 2) **de puissance moyenne** (45 à 50 W), avec de 10 à 16 canaux (répéteurs) sont, de fait, des satellites de télécommunication de seconde génération. Ils peuvent être reçus avec des antennes de 60 à 80 cm, selon les satellites. Il s'agit de satellites qui concentrent leurs faisceaux vers des zones de dimension moyenne (un ou plusieurs pays) et peuvent atteindre un grand nombre de stations réceptrices. La puissance de leur signal leur permet de toucher, en outre les usagers collectifs des immeubles et le marché de la réception individuelle. Eux aussi profitent, pour le choix de leur position orbitale, du principe *« premier arrivé premier servi »*.

3. **Les satellites de diffusion directe** (TDF1-2, Tele X, TV Sat) **de forte puissance** (plus de 90 W), disposaient de peu de canaux (4 à 5 répéteurs) et visaient le marché de la réception individuelle avec une antenne de faible diamètre (moins de 50 cm). Ils desservaient directement des récepteurs individuels ou les usagers collectifs d'un immeuble d'habitation.

Ils étaient régis par les accords de la Conférence administrative de l'IUT, pour ce qui concerne leur position orbitale et leur bande de fréquences. Ils avaient tous été conçus au début des années 80 pour créer un marché de diffusion directe de télévision par-delà le développement des réseaux câblés. Mais compte tenu de l'évolution rapide des techniques de réception, ils ne présentent plus, au milieu des années 90, d'intérêt opérationnel.

B) *La réception.*

Pour recevoir les programmes diffusés par un satellite, il faut disposer d'un matériel qui est toujours de même composition, que ce soit pour la réception individuelle, la réception collective, les stations de rediffusion ou les réseaux câblés. Seuls les dimensionnements des équipements changent, et sont fonction de la puissance du satellite (plus il est puissant, plus les antennes sont de faible diamètre) ou de la puissance du signal qu'elles doivent restituer (les antennes collectives ou pour réseaux câblés sont plus grandes que celles pour la réception directe).

Une antenne dite « parabolique », orientée vers le satellite, capte ses signaux et les fait converger vers une tête « hyperfréquence » dont la fonction est de les transmettre vers un « démodulateur-tuner » qui permettra de sélectionner la chaîne souhaitée et de transmettre ses signaux au téléviseur. Dans les cas où la chaîne est cryptée, un « décrypteur » est introduit dans le démodulateur et le téléviseur. Ces deux derniers appareils peuvent être intégrés.

Il est à noter que les satellites de télécommunication de faible puissance et de puissance moyenne utilisent une polarisation linéaire (horizontale ou verticale) alors que les satellites de diffusion directe utilisaient une polarisation circulaire (droite ou gauche).

C) *Le Plan de Genève.*

En 1977, à Genève, la Conférence administrative mondiale des radiocommunications de l'Union internationale des télécommunications (CAMR 77) avait établi une répartition de l'orbite géostationnaire pour les services de radiodiffusion directe par satellite. La bande de fréquence 11,7-12,5 GHz était divisée en 40 canaux répartis, suivant un plan intercalaire sur deux polarisations circulaires inverses et tous les 6° de longitude en moyenne. Une position orbitale à cinq canaux était attribuée pour chaque pays (19° Ouest pour 8 pays européens dont la France).

Le Plan de Genève autorisait chaque pays à mettre en œuvre un satellite de diffusion directe sur une base nationale, sans qu'une coordination soit nécessaire à l'intérieur des allocations qui lui étaient réservées sur le plan international.

D) *Les développements.*

Dans ce cadre, le transport de télévision a connu un essor rapide, non seulement pour les usages « internes » aux chaînes (relais internationaux, liaisons de contributions, émissions réalisées en direct), mais aussi pour de la transmission de programmes entiers à destination de relais hertziens ou de réseaux câblés. Cette association entre le transport de programmes par satellite et leur diffusion terrestre, par voie hertzienne mais surtout par câble, a permis la naissance rapide, aux États-Unis, de super-stations cherchant à se placer sur le marché des networks classiques et de stations thématiques. En quelques années, un peu partout dans le monde, de nouvelles chaînes se sont créées qui, même si elles sont demeurées longtemps déficitaires, ont constitué les bases du paysage audiovisuel mondial actuel : nouvelles chaînes hertziennes, en France avec la Cinq (en son temps) et M6, mais aussi en Amérique du Sud et en Allemagne, qui sont montées sur satellite pour économiser le coût, plus lourd, des réseaux de transmission hertzienne terrestre.

Ce développement de la diffusion de programmes par satellites résulte de la conjonction de deux éléments. Au cours des années 80, l'ensemble des pays européens a modifié son système de régulation de la diffusion de programmes, créant ainsi un dynamisme de ce secteur et un système concurrentiel. Durant cette même période, plusieurs systèmes de satellites nationaux et européens, surtout publics mais aussi privés, se sont mis en place et ont su assurer une continuité de service avec les secondes générations : Eutelsat 1 puis 2, Astra, Télécom 1 puis 2. (En Europe de l'Est, plusieurs pays sont maintenant membres d'Eutelsat.)

A partir de 1985, la demande des diffuseurs et de certains opérateurs de satellites, soucieux d'élargir le potentiel de public qu'ils souhaitaient atteindre, a rencontré les progrès technologiques réalisés par les constructeurs de satellites. Ainsi, si la puissance émise par les satellites de télécommunications a longtemps été limitée à 20 W (Télécom 1, Eutelsat 1), dès la fin des années 80, les possibilités ont largement évolué et ces satellites disposent aujourd'hui, généralement, de puissance de 50 W. Parallèlement, la complexité et la taille des antennes diminuaient, donc leur coût. Elles varient aujourd'hui de 60 à 80 cm.

Il suffit de citer en exemple la politique de la Sociéte européenne de satellite qui, avec son système Astra, a pu proposer un service de diffusion directe sans faire appel à un satellite de forte puissance tout en assurant une transmission vers les réseaux câblés. Le système Télécom 1 en a fait de même et permettait aux téléspectateurs français des zones non initialisées en hertzien terrestre, de recevoir La Cinq (en son temps), Canal Plus et M6, mais aussi à ceux d'Afrique du Nord de regarder l'ensemble, ou presque, des chaînes françaises.

Câble et réception directe en Europe
(en % foyers TV)

Pays	Foyers TV (milliers)	Pénétration réception directe	Pénétration câble
France	22 000	2,9 %	7,5 %
Allemagne	33 400	21,8 %	43,4 %
Belgique	3 950	0,9 %	91,1 %
Danemark	2 340	13,2 %	51,3 %
Espagne	15 000	7,2 %	1,3 %
Grèce	3 390	0,03 %	
Irlande	1 030	3,3 %	43,7 %
Italie	21 793	0,25 %	
Luxembourg	94 000	2,1 %	86,3 %
Pays-Bas	6 370	4,2 %	90,3 %
Portugal	3 126	6,4 %	
Royaume-Uni	21 600	14,4 %	3,9 %
Autriche	3 070	23,6 %	30,9 %
Suisse	2 950	5,9 %	72,9 %
Finlande	2 240	2,9 %	37,9 %
Norvège	1 750	11,4 %	37,1 %
Suède	3 500	12,2 %	52,9 %

Sources : *Screen Digest* ; Kagan, in *Antennes* (juin 1994 ; août 1995).

Lorsque, à la fin des années 80, les satellites conformes à la CAMR 77 entrent en service, ils ne répondaient déjà plus à l'attente des diffuseurs et ne pouvaient se distinguer de leurs concurrents en place. Coûteux, fragiles (un grand nombre d'entre eux a connu des pannes : Olympus, TV Sat, TDF1 et 2), disposant d'un petit nombre de canaux eu égard aux nécessités imposées par la constitution de « bouquets » complets (le nom de « bouquets de programmes » avait pourtant été inventé pour eux), aucun d'entre eux, du privé BSB au public TDF1-2, n'a pu trouver le marché « rentable » pour lequel il était mis en place.

Durant toute cette période, deux tendances s'étaient faites jour en Europe. Tout d'abord, le coût de location des canaux a fortement diminué au fur et à mesure que le nombre des répéteurs augmentait, ce qui a incité un nombre croissant de diffuseurs à monter sur le satellite (ils y sont quasiment tous aujourd'hui). Ensuite, la construction des réseaux câblés et la montée en charge de la réception directe allaient s'accélérer avec l'arrivée du numérique.

3. **Les normes de diffusion : la numérisation.** — Pour la télévision, les standards n'avaient pas varié depuis l'apparition de la télévision en couleur.

A) *La norme MAC.*

Aussi, à la fin des années 80 avait été envisagée l'utilisation d'une nouvelle norme, la norme MAC (modulation analogique des composantes pour l'image).

Ce système offrait une meilleure qualité de l'image, notamment en matière de transition entre les zones colorées. Dans le système D2 Mac, les composantes de l'image (luminance et chrominance) étaient transmises à la suite l'une de l'autre. Les voies « son » et les données étaient regroupées dans un multiplex numérique et pouvaient ainsi être utilisées de différentes façons : deux systèmes stéréo à deux voies, ou quatre voies sonores de haute qualité, ou huit voies « son » avec une qualité suffisante pour la parole ainsi que toutes les combinaisons intermédiaires. Les sons multiples, les données d'accompagnement de l'image, le télétexte étaient rassemblés dans un multiplex numérique par paquet, d'où le nom de D2 Mac Paquet. Le D2 Mac Paquet offrait aussi l'avantage de se prêter au développement des

42

normes numériques et de la télévision haute définition (TVHD), appellation générique qui recouvre tous les systèmes actuellement en développement pour porter la qualité de l'image de télévision au niveau de celle du cinéma.

— En 1985, la NHK (TV publique japonaise) travaillait depuis plus de dix ans sur ce problème. De ses recherches était issue une proposition nippo-américaine d'un système 1 125 lignes/60 Hz. Toutefois, cette norme posait un problème de transmission par voie terrestre non résolu.

— L'Europe, dans le cadre du projet Eureka, s'était donnée pour objectif de définir pour 1990 (réunion du CCIR) une norme de production compatible TV HD/50 Hz qui comportait 1 250 lignes. La TVHD devait se développer pour arriver à maturité à la fin du siècle.

B) *Le numérique.*

Mais, très vite les travaux engagés sur la numérisation du traitement du signal allaient déboucher, au début des années 90 et avant le lancement opérationnel de la norme MAC, sur des accords généraux de normalisation. Et, au milieu de la décennie (1994 aux États-Unis ; 1995 en Europe) se mettent en place les premiers développements grand public.

A l'origine, la transmission du signal correspondant à une information se faisait sous une forme analogique. Par contre, la numérisation transmet non pas les paramètres liés à un contenu mais leur mesure : ce sont donc des nombres qui sont transmis, sous forme de signaux codés dans le langage binaire (0 et 1) des ordinateurs.

Le signal d'origine est échantillonné, c'est-à-dire décomposé en éléments quantifiés : si on représente ce signal par une courbe en un grand nombre de points régulièrement espacés auxquels on fait correspondre une valeur numérique qui en est une mesure, et qui reconstitue fidèlement ses variations. C'est cet ensemble de mesures qui est transmis.

A la réception, cette suite de nombres est traduite à nouveau et retrouve sa forme originelle : elle redevient son, image ou texte. Ce langage permet en effet de coder sous la même forme aussi bien des données sonores ou textuelles que des images, fixes ou animées, qui peuvent donc transiter par les mêmes voies de communication et être stockées de la même façon. Il est la base du multimédia : en les codant sous une forme commune, il permet la combinaison et l'exploitation simultanée, sur le même support, de données de nature différente.

Deux normes de codage numérique sont aujourd'hui couramment acceptées :

1 / MPEG 1 qui emploie un codage d'images Intra, prédites et interpolées. Il permet une immense gamme d'applications (CD-ROM, CD-I...) et une transmission sur des réseaux à large bande.

2 / MPEG 2 qui offre de plus larges applications que MPEG 1, possède de multiples possibilités et options, est compatible avec de nombreux standards plus développés (TVHD) ou moins développés (MPEG 1).

La numérisation présente de nombreux avantages et, en particulier, une qualité technique constante ainsi qu'une facilité de traitement des informations. Mais son inconvénient majeur est que les signaux numérisés nécessitent une grande quantité d'informations pour restituer le signal : le procédé est donc très gourmand en débit et en volume de stockage.

Le problème a été résolu grâce à la compression du débit numérique qui permet de réduire considérablement le volume des données à traiter. Le numérique est donc synonyme de réduction des coûts de diffusion et de multiplication des programmes.

Désormais la numérisation concerne l'ensemble de la chaîne de l'image, de la production à la réception. Et son exploitation commerciale ne s'est pas fait attendre. On voit se multiplier les services de télévision numérique : aux États-Unis, le système DIRECT-TV permet la diffusion satellitaire d'environ 150 programmes de télévision numérique ; en Europe, en 1996, démarrent des bouquets de services numériques initialisés par Canal +, Bertelsmann, Kirch, TPS (Télévision par Satellite), etc. De leur côté, les compagnies de téléphone ne sont pas en reste avec les annonces de projets américains ou, en France, les projets de France Télécom sur les réseaux câblés (Multicâble) ou téléphoniques (expérimentations s'appuyant sur la technologie ADSL, Asymetric Digital Suscriber Line).

Le traitement numérique de l'information s'impose donc. Et l'arrivée du tout numérique consacre l'entrée des médias dans l'ère nouvelle du multimédia.

II. — **Les programmes et les services à la demande**

Les grandes évolutions des nouveaux médias sont, aussi, liées à la technologie des terminaux. En effet, ces équipements – ou médias – ont en commun de permettre à l'usager d'accéder, sur simple commande individuelle, aux services ou aux programmes comprenant des textes ou des images associés à des sons, ayant été sélectionnés par lui.

1. **La vidéodomestique : des équipements individuels et autonomes.** — Le magnétoscope à cassette (vidéolecteur), le camescope (caméra vidéo à magnétoscope intégré) et le lecteur de disque optique constituent des produits de distribution des images, légers et d'utilisation individuelle. Ils ont en commun d'utiliser le support électronique de l'image de télévision et l'écran du téléviseur ou du micro-ordinateur, pour diffuser des programmes enregistrés dans les mêmes conditions que les disques ou les cassettes sonores et utilisés individuellement, à la demande.

2. **Les disques optiques.** — Ils permettent la « lecture » des images sur un écran ainsi que le stockage d'une grande quantité d'informations.

A l'enregistrement par procédés optiques, les informations correspondant au programme modulent un faisceau laser qui agit sur la couche photorésistante d'un disque vierge. Ce sillon gravé présente alors une série de creux minuscules. La lecture n'est plus faite par un diamant qui suit le sillon mais par un laser. Ce rayon est ensuite transformé en courant électrique. Ces dispositifs présentent de nombreux avantages : absence d'usure du support par le dispositif optique de lecture, duplication par pressage (comme pour les disques « son ») aisée et peu coûteuse, possibilité d'arrêt sur image et de ralenti, possibilité d'accès aléatoire aux pistes (et donc aux images).

Ces supports optiques connaissent un essor rapide : leur capacité de stockage se révèle adaptée aux besoins

Évolution des équipements « audio », en France
(par milliers, en fin d'année)

Année	Por-tables	dont Radio Magnéto	Auto-radios	Postes de table	Radio-réveils	Chaînes avec Hi-fi	Total Radio Récep-teurs	Récep-teurs MF	Électro-phones et tourne-disques	Magnéto-phones	Chaînes
1976	24 140	1 650		2 350		1 790	33 400		10 500	8 350	2 100
1977	26 890	2 300	7 200	2 640	1 300	2 290	38 600		10 550	9 300	2 800
1978	25 370	2 700	7 800	2 170	2 110	2 670	40 120	22 100	10 600	9 800	3 380
1979	26 860	3 300	9 470	2 000	3 160	3 740	47 040	27 800	11 400	10 600	4 070
1980	25 590	4 000	10 940	1 820	5 090	4 780	49 060	30 930	11 200	11 500	5 000
1981	27 830	5 025	11 455	1 940	6 960	5 780	53 956	39 160	11 550	14 940	6 000
1982	27 693	6 050	12 156	1 800	7 305	6 792	56 256		11 600	15 560	6 600
1983	28 216	7 315	12 835	1 670	8 950	7 327	57 274		11 900	15 000	7 000
1984	27 715	8 525	13 047	1 200	9 650	7 485	59 097		10 708	15 530	7 145
1985	27 062	9 635	13 310	1 530	10 077	7 458	59 518		9 959	15 191	7 120
1986	25 505	10 635	13 740	1 372	10 227	7 312	58 156		9 177	14 777	6 816
1987			14 700								
1988			16 123								
1989			17 143								
1990			18 552								
1991			19 000								
1992			19 500								
1993			20 000								
1994			21 000								

(Sources : SIMAVELEC.)

du multimédia, gros consommateur de mémoire et de volume de stockage.

La famille des disques optiques à lecture laser s'est beaucoup agrandie avec l'apparition du CD-ROM. D'autres standards ont été développés, comme le CD-I ou le CD-Photo.

Les disques existants ont été longtemps du type ROM *(Read Only Memory),* que l'utilisateur peut lire, mais non effacer ou enregistrer. Aujourd'hui, les disques magnéto-optiques enregistrables et effaçables, sont apparus sur le marché. Le *Mini Disc,* lancé en 1992, permet d'effacer et d'enregistrer à volonté plus de soixante-dix minutes de son numérique sur une disquette de 6,4 cm de diamètre.

L'une des raisons de la popularisation du disque optique a été son utilisation pour les jeux vidéo ; ce support se prêtant très bien à la réalisation de jeux aux décors très soignés, incorporant des séquences cinématographiques. De nouvelles consoles de jeux font leur apparition, favorisant l'interactivité grâce notamment à une plus grande rapidité d'accès aux informations. En 1993, on a vu apparaître des consoles compatibles avec les CD audio et vidéo, ce qui en fait de véritables appareils multimédia. Ces évolutions consacrent la place grandissante du CD auprès du grand public, et dynamisent un marché en forte expansion.

La différence des standards tend à s'estomper avec l'apparition de nouveaux lecteurs capables de lire la plupart des différents types de CD.

● Apparu en 1985, le CD-ROM *(Compact Disc Read Only Memory)* issu de la micro-informatique est exploitable par un ordinateur relié à un lecteur de disque. Dans la version XA *(eXtended Architecture)* apparue en 1988, il devint multimédia en intégrant l'image et le son. Il est devenu un support privilégié pour la diffusion de documentations techniques et de banques de données de toute nature : catalogues professionnels de produits et de pièces détachées, annuaires d'entreprises, données biblio-

Équipements magnétoscopes en Europe
(en % des foyers TV)

Pays	1985	1986	1987	1988	1989	1990	1991	1992	1993	1994
Autriche	13	17	22	28	34	40	48	51	56	58,5
Belgique	13	20	27	33	37	43	49	53	57	
Suisse	27	32	38	43	48	52	55	59	62	
Allemagne	20	27	31	35	40	50	55	50	52	
Danemark	23	28	32	35	39	44	52	60	71	
Espagne	25	28	31	35	42	44	48	52	55	
France	13	17	22	28	37	45	53	60	65	65,3
Finlande	19	26	32	38	44	47	57	62	66	
Royaume-Uni	40	47	53	58	64	66	70	72	72	77
Grèce	11	20	23	26	29	30	31	33	33	
Italie	3	6	10	16	21	28	34	40	46	
Irlande	18	25	34	42	48	53	57	60	62	
Luxembourg	22	27	32	36	41	45	51	55	56	
Norvège	20	24	29	33	37	40	44	47	51	
Pays-Bas	32	37	43	50	54	58	58	58	60	
Suède	18	26	32	39	45	51	55	59	62	
Eur 12	20	25	30	35	41	47	52	54	57	60,5
États-Unis	27					62	68	74	78	81,4
Japon	43					70	73	75	76	78

Source : Observatoire européen de l'audiovisuel d'après BIPE Conseil et Screen Digest, in *Antennes* (nov. 1994).

graphiques, etc. Il permet la diffusion de grands volumes d'informations directement exploitables par informatique.

Outre cet usage professionnel spécialisé, le CD-ROM a aussi des applications destinées au grand public : les atlas, dictionnaires et encyclopédies, mais aussi les jeux. Il est l'un des supports privilégiés de l'édition électronique qui commence à se développer. A la fois multimédia et interactif, il permet davantage que la simple lecture linéaire des informations : on peut aller et venir en tous sens, explorer le contenu, faire des recherches à partir de critères divers, ou jouer sur son micro-ordinateur comme sur une console de jeux ou visiter un musée virtuel, etc.

Le nombre de CD-ROM édités était de 200 en 1990. Il était d'environ 6 000 titres fin 1994. Le parc des lecteurs ne cesse d'augmenter, tiré par les jeux vidéo, qui sont les produits-phares du multimédia interactif.

• Le CD-I (disque compact interactif), inventé par Philips, est également le support d'applications multimédia interactives entièrement numérisées. Mais le lecteur est un périphérique, non de l'ordinateur, mais de la télévision. Il est piloté par une simple télécommande.

Ce produit s'adresse surtout au grand public, et propose des jeux et des programmes culturels ou éducatifs, ainsi que des films de cinéma. On a donc recherché avant tout la simplicité d'utilisation, préférant le support familier de l'écran de télévision à celui, plus spécialisé et moins bien implanté, de l'ordinateur. Le but est de permettre une utilisation plus active de la télévision. Le CD-I, multimédia et interactif, permet de « naviguer » à son gré entre le texte, l'image et le son. Son succès dépendra de l'offre de programmes susceptibles d'attirer le public. L'effort de création et d'édition de programmes est donc primordial pour que le CD-I puisse s'imposer.

Le CD-I représente un pari, notamment en raison de l'abandon du clavier, qui pourrait constituer une limitation pour les programmes éducatifs, par exemple. En outre, il faudra que l'usage de l'appareil s'adapte à celui du téléviseur, qui conserve souvent un caractère plutôt familial. En revanche, le marché potentiel immédiat est considérable : en France, par exemple, il y a plus de 32 millions de téléviseurs, pour seulement 3 millions de micro-ordinateurs. Le CD-I pourrait également remplacer les cassettes vidéo VHS : actuellement, grâce au procédé FMVP *(Full Motion Video Picture),* le CD-I peut en effet contenir soixante-quatorze minutes de film, et pourrait supplanter le magnétoscope.

• Le CD-Photo, lancé en 1992 par Philips et Kodak, permet de transposer des photos sur un disque optique capable d'en contenir une centaine. Le CD-Photo est lu par un lecteur de

Évolution des équipements « vidéo » en France (par milliers, en fin d'année)

Année	TV noir et blanc	TV couleur	Total TV	Jeux vidéo et micro-ordinateurs grand public	Magnéto-scopes	Vidéo-cassettes vierges vendues	Caméras vidéo	Camé-scopes
1970	11 620	316	11 936					
1971	12 206	613	12 819					
1972	12 615	1 045	13 660					
1973	12 859	1 604	14 463					
1974	12 940	2 225	15 165					
1975	12 785	3 010	15 795					
1976	12 445	3 965	16 410					
1977	11 975	5 050	17 025					
1978	11 310	6 315	17 625	460				
1979	10 620	7 600	18 220	550	110			
1980	10 600	8 930	19 620	450	255		45	
1981	10 200	10 305	20 505	500	500		90	
1982	9 735	11 280	21 015	280	1 100	1 800	140	
1983	9 180	13 195	22 375	500	1 624	6 410	177	
1984	8 195	15 350	23 545	575	2 265	11 479	208	
1985	7 485	16 880	24 365		2 937	12 056	205	35
1986	6 610	18 580	25 190		3 817	16 400	320	95
1987	6 155	20 245	26 400		4 825		440	215
1988	5 690	22 250	27 940		6 305		546	450
1989	5 145	24 230	29 375		2 035	20 881	906	810
1990	4 615	26 150	30 765		10 015	29 442		1 370
1991	4 120	27 590	31 710		11 925			1 935
1992	3 630	28 900	32 530		13 790			2 430
1993	3 150	30 220	33 370		15 045			2 860
1994	2 660	31 440	34 100		16 085			3 250

(Sources : SIMAVELEC)

CD-ROM ou de CD-I, les photos étant visionnées, selon le cas, sur un écran d'ordinateur ou sur celui de la télévision. Des tirages sur papier de ces images peuvent être réalisés grâce à des imprimantes couleur dont seront équipés les laboratoires de développement. Dans sa version *Portfolio,* il ajoute une piste sonore de commentaire aux images, stockées sur le disque, qui présentent une définition inférieure et sont en plus grand nombre.

3. **La vidéographie.** — Selon l'arrêté du 27 avril 1982 relatif à l'enrichissement du vocabulaire de l'informatique, on désigne par vidéographie tout « procédé de télécommunication permettant de présenter à un usager des messages alphanumériques ou graphiques sur un écran de visualisation » (*JO* du 24 juin 1982).

Deux systèmes ont été développés en France : l'un, le télétexte, utilise le réseau hertzien de la télévision, l'autre, baptisé vidéotex, emprunte les réseaux de télécommunication. Selon l'arrêté du 27 avril 1982, le télétexte, ou « vidéographie diffusée » désigne le procédé « dans laquelle des messages sont systématiquement diffusés par un réseau de télévision, et qui permet à l'usager d'effectuer un choix parmi ces messages », tandis que le vidéotex, ou « vidéographie interactive » est le système dans lequel un réseau de télécommunication assure la transmission des demandes de l'usager et des messages obtenus en réponse ». TÉLÉTEL est le nom du système français de vidéotex interactif.

Le procédé de télétexte s'est, en France, très peu développé. Par contre, le vidéotex a connu un véritable succès.

En 1978, les projets français prenaient forme. Il s'agit de l'expérience de Vélizy (TÉLÉTEL) et de l'Annuaire électronique. L'Annuaire électronique apporta une idée nouvelle, celle de la téléinformatique grand public qui induisit la construction et la diffusion d'un terminal spécifique muni d'un clavier alphanumérique permettant le dialogue homme machine dont les premiers prototypes furent présentés en octobre 1979.

A partir du début des années 80, la dynamique se mit en place :

— commande à grande échelle par la DGT des Minitel ;
— constitution d'un réseau TÉLÉTEL qui permet à tout utilisateur, en n'importe quel point du territoire, d'être relié à un serveur, et ceci pour un coût indépendant de la distance. D'emblée, un marché potentiel national est ouvert aux prestataires de service ;
— mise en place, en 1987, d'un système tarifaire adapté qui permet d'éviter l'abonnement. Les recouvrements sont basés sur le principe d'une facturation à l'utilisateur du prix de la communication et d'une rétribution de la prestation du service, via la facturation téléphonique ;

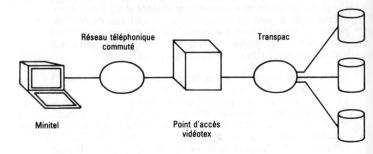

Schéma synoptique du réseau d'accès Télétel.

— commercialisation, en 1989, du Minitel 12 et du Minitel 2 ;
— fin 1994, accroissement de la vitesse de transmission autorisée, de 1 200 à 9 000 bits/seconde ; interconnexion des réseaux européens de vidéotex ; existence de 600 000 micro-ordinateurs utilisant un logiciel d'émulation Minitel.

Ainsi, le terminal Minitel permit le développement des services de vidéographie. Toutefois, plusieurs caractéristiques de ce média le distinguèrent profondément des services classiques : sa spécificité et surtout sa sélectivité, sa disponibilité sur commande, sa ressemblance usuelle à une page de texte, l'attitude active et sélective de l'utilisateur à l'égard de l'écran.

Interface technique, le Minitel peut de surcroît être raccordé à des dispositifs d'impression, à des mémoires locales simples et peu coûteuses, à des dispositifs de traitement de l'information, à des systèmes de paiement par carte.

Système pluri-fonctionnel, la vidéographie allait être un véritable succès commercial, avec 6,5 millions de Minitel installés en France (auxquels il faut rajouter 600 000 émulateurs sur micro-ordinateurs) et plus de

24 000 services grand-public et professionnels. Elle préfigurait le développement des services « en ligne » de deuxième génération, à destination des micro-ordinateurs communicants.

4. Les micro-ordinateurs communicants : les services d'information à la demande. — Si le Minitel connut, en France, un développement important, la spécificité de sa norme fit qu'il ne pût se développer Outre-Atlantique. Et il laissa place, aux États-Unis, à l'essor des micro-ordinateurs communicants (grâce à des modems permettant leur connexion au réseau téléphonique) dans le grand-public.

Environ un tiers des ménages américains était équipé, fin 1994 (donc 8 à 10 % avec des appareils « en ligne ») autorisant le développement de services d'information à la demande, comme ceux accueillis par le Minitel, en France, mais avec des possibilités graphiques plus élaborées ouvrant la porte aux futurs services multimédia.

Le principal réseau utilisé, INTERNET, est ainsi aux ordinateurs ce que le réseau téléphonique est aux appareils téléphoniques. C'est donc un média à part entière qui permet de diffuser des informations (transferts de fichiers, courrier électronique, annuaires, etc.) entre les entreprises, les laboratoires de recherche, les universités et, maintenant, le grand public (à fin 1994, près de 4 millions d'ordinateurs étaient connectés à INTERNET).

5. Les dispositifs à accès sélectif : des programmes de radio ou de télévision sur demande et à péage. — Ils permettent d'acheminer des programmes télévisuels et des services audiovisuels vers les récepteurs individuels ou vers des écrans de grande dimension.

Les programmes sont codés, *à l'émission.* Ils sont décodés, *à la réception,* au moyen d'un appareil associé à un dispositif de contrôle d'accès, et branché sur un récepteur normal (ou sur un écran de grande taille, type écran de cinéma). L'acheminement des programmes peut être réalisé par différentes catégories de supports :

— Dans la radiotélévision à accès sélectif, on utilise les émetteurs classiques, un réseau cablé ou un satellite, avec un « cryptage » du programme, de façon à ce que seuls les utilisateurs concernés puissent le recevoir. Cette modification de l'image et du son, sans aller jusqu'au secret, doit en rendre l'utilisation difficile pour qui ne possède pas de décodeur. Pour pouvoir décoder, il est nécessaire que les transformations soient réversibles ; aussi, l'opération est-elle effectuée en fonction de clés de chiffrement pouvant être recalculées par le dispositif de réception.

Ce traitement est rendu possible grâce à des systèmes de contrôle d'accès qui utilisent soit une carte électronique permettant, non seulement, de « calculer » la clé de déchiffrement, mais offrant, en outre, d'autres possibilités (taxation à la consommation, paiement à l'émission, à l'abonnement), soit des procédés de validation des récepteurs autorisés, par les réseaux ou par un clavier.
— On peut aussi, pour ne desservir qu'un nombre peu élevé de points de réception, en usage collectif, utiliser des câbles coaxiaux et les liaisons point à point hertziennes ou en fibre optique, du réseau de télécommunication.
A la réception, on transforme, par des vidéoprojecteurs, les signaux de télévision en une image visualisable sur un écran du type cinéma.
Enfin, pour certaines catégories de programmes, il peut être mis en place des liaisons de vidéotransmission associant l'image et le son et permettant de mettre les salles en communication interactive avec les lieux de prise de vue ou de production.

Ainsi, la radiotélévision à accès sélectif et la vidéotransmission sont des éléments de la communication audiovisuelle, ouvrant des perspectives intéressantes à l'animation culturelle, à la formation professionnelle et à la distraction.

DEUXIÈME PARTIE

LES FUTURS IMAGINAIRES

Ainsi apparaissent les futurs de ces nouveaux médias, déjà présents sous nos yeux : riches de beaucoup d'essais et d'erreurs, de succès aussi spectaculaires que les échecs sont discrets. A ce signe au moins, ils obéissent à une logique proprement industrielle. Logique dont on peut aisément repérer les tours et les détours. Logique qu'il n'est guère moins aisé, pour des esprits polémiques, d'assimiler à la seule loi des marchands.

L'identification des nouveaux médias ne peut se contenter de l'examen du présent. Elle renvoie nécessairement vers d'autres futurs, purement imaginaires. Vers ceux que dessinent les ingénieurs, à coup de statistiques et d'extrapolations : scénarios cohérents pour l'avenir, sortes d'hypothèses logiquement construites, projections rationnelles plutôt que prophéties chimériques ou simplement déraisonnables. Vers ces futurs pareillement imaginaires que dépeignent, en rose ou en noir, des devins de toutes sortes, vrais ou faux prophètes, qui trouvent chez McLuhan ou Georges Orwell, en plus d'une caution, une source inépuisable d'inspiration.

Chapitre I

LES SCÉNARIOS DES INGÉNIEURS

Pour la société, l'important, ce n'est pas l'invention proprement dite, mais l'innovation, c'est-à-dire son application à des fins tenues pour souhaitables. Alors que le savant s'intéresse seulement à la découverte et l'ingénieur à la réalisation des prototypes, celui qui considère la société, son organisation ou son action, retient seulement la façon dont les produits de la civilisation technique, une fois commercialisés, permettent la satisfaction légitime des besoins exprimés par les hommes.

Ainsi, c'est en adoptant le point de vue de l'utilisateur et en considérant l'éventail toujours plus large des services qui peuvent lui être offerts que les ingénieurs tracent aujourd'hui les scénarios du futur. Plusieurs catégories de services semblent retenir principalement leur attention : d'un côté, ceux qui résultent de l'utilisation à la demande ; de l'autre, ceux qui relèvent du domaine de la diffusion, large ou étroite, du domaine riche de potentialités des télécommunications et de leur interpénétration.

Ces deux catégories de services permettent d'envisager un ensemble d'évolutions techniques, déjà engagées, ou attendues à plus ou moins brève échéance. Déjà, au milieu des années 90 elles constituent la toile de fond de l'avenir. Et elles doivent permettre d'imaginer pour la France, différents scénarios, qui pourraient se dérouler dans les années 2000, en fonction d'hypothèses contrastées. Mais elles ne recouvrent pas l'ensemble des services nouveaux imaginables. Ce choix, à partir des modes d'accès

Les étapes du développement des services offerts par les techniques de télécommunication

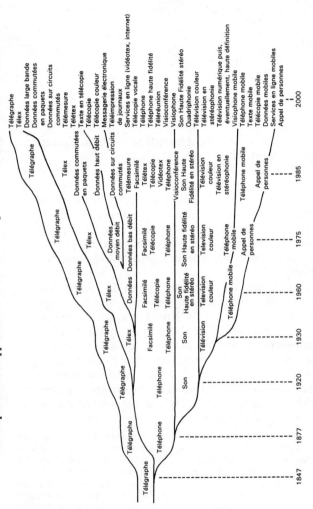

(Source : Consortium British Telconsult/Consultel/Detecon/Nepostel/Sofrecom *et al.*)
(Publié dans *Antennes*, 1985.)

– vidéogrammes diffusion large ou étroite, télécommunication – permet seulement d'examiner ceux des services qui peuvent connaître un grand développement.

Retraçant les étapes du développement des services offerts par les techniques de télécommunication, le tableau ci-contre illustre la double singularité qui marque l'évolution engagée des médias électroniques : d'un côté, l'apparition de l'interactivité, c'est-à-dire la possibilité pour l'usager de « dialoguer » avec le serveur informatique prestataire de services ; de l'autre, l'intégration de plus en plus fréquente d'images animées aux services offerts au public.

I. — Les scénarios pour la diffusion et la télécommunication

Large ou étroite, la diffusion – au sens étymologique du terme – comprend tous ceux des médias permettant à quelques-uns de s'adresser au grand nombre. Ainsi définie, la diffusion, aujourd'hui, comprend principalement deux nouveaux médias : la télédistribution et les satellites.

1. **La télédistribution : un réseau local.** — Elle représente une étape importante dans la voie du développement de l'audiovisuel, au niveau local et régional : la télédistribution présente en effet des atouts décisifs.

D'un point de vue quantitatif, le progrès tient au nombre de programmes offerts avec la possibilité d'un choix accru et véritable s'exerçant entre des programmes de types différents. Les possibilités sont démultipliées avec le numérique. Le progrès qualitatif est aussi sensible : le raccordement à un réseau câblé modifie le rapport du téléspectateur avec l'écran de télévision. L'architecture étoilée des réseaux large bande, l'existence d'une voie de retour, l'utilisation éventuelle d'un magnétoscope mettent l'usager en mesure de se « réapproprier » l'audiovisuel : la télédistribution, devenue vidéocommunication, jette par conséquent un pont entre les services bidirectionnels indivisualisés et les services de diffusion de masse unidirectionnels.

Les services offerts ou susceptibles de l'être, extrêmement variés, sont de deux types :

— les services diffusés offrent l'avantage d'enrichir la gamme des programmes reçus sur les réseaux par voie hertzienne ou par satellite ;
— des services interactifs, avec l'évolution de la structure des réseaux, autorisent l'adressage d'une information demandée par la voie de retour et devraient permettre à terme d'établir un accès des utilisateurs à des banques d'images.

Le câble permet la réception, dans de meilleures conditions techniques, des programmes de télévision. Et il autorise la réception des programmes diffusés par satellites. Les réseaux de télédistribution ont été, en effet, les premiers à bénéficier de cette réception car ils sont plus aisément équipés d'antennes pouvant capter les satellites et amorties sur de nombreux usagers.

Le câble est également adapté à la programmation locale, en simple diffusion ou bien à la demande : production automatique (musique, météo, petites annonces) ; émissions destinées à des publics locaux particuliers (minorités linguistiques, culturelles socioprofessionnelles) ; diffusion de créations spécifiques ciblées ; diffusion d'informations pratiques, programmation de canaux thématiques, canaux en libre accès, en temps partagé (seul dispositif démocratique permettant à des associations ou des groupes disposant de très peu de ressources financières, d'accéder aux moyens de diffusion) ; multidiffusions décalées dans le temps.

Enfin, le câble est un moyen très efficace et très peu coûteux de distribution de données numériques à fort débit.

2. **Les satellites.**

A) *Une large diffusion des programmes à destination du grand public.* — Pour recevoir les satellites, les ménages qui s'équipent, dans le cadre d'une réception collective ou communautaire, sont aussi sollicités par d'autres systèmes audiovisuels. Cependant, le coût d'installation d'un système de réception de satellite est, pour chaque membre d'une communauté, beaucoup moins important que celui d'une installation individuelle.

En revanche, pour la réception individuelle, la concurrence des autres produits audiovisuels se fait sentir davantage. Seule joue alors la différence au niveau des services offerts. Et le phénomène a été plus lent que pour les raccordements collectifs. Mais, avec l'arrivée du numérique et une démultiplication de l'offre (plusieurs centaines de programmes et services) le taux des équipements individuels va maintenant s'accélérer. Ainsi, parmi les tendances perceptibles aujourd'hui en France, différents scénarios sont envisageables.

Une première hypothèse de développement favorable se situe dans un environnement économique analogue à celle du début des années 70. Elle suppose par ailleurs que les satellites offriront des programmes attrayants correspondant à une diversification et à une réelle multiplication des programmes.

Dans ces conditions, en France, près d'un million de ménages seraient prêts à s'équiper rapidement. Ce nombre pourrait atteindre 2-3 millions à la fin du siècle et 5-6 millions d'ici dix ans (environ 25 % des ménages).

En revanche, si les services proposés n'étaient pas suffisamment attractifs, le nombre des utilisateurs ne s'accroîtrait que plus lentement.

Ainsi, si les satellites de diffusion représentent une innovation technologique, ils ne sont toutefois qu'un moyen de diffusion parmi d'autres. Leur mise en place devra donc s'intégrer dans la problématique globale de l'audiovisuel en France. En particulier, divers arguments plaidant en faveur d'une réception collective ou communautaire des émissions diffusées par satellite ; le développement de l'audiovisuel ne pouvant ignorer l'interdépendance câbles-satellites.

B) *Les utilisations professionnelles.* — Les développements des services nécessitent l'utilisation de réseaux permettant de répondre aux besoins des différents utilisateurs, et, tout particulièrement, à ceux des entreprises, y compris les professionnels de la communication et de la vidéo.

Il existe, en ce milieu des années 90, plusieurs centaines de canaux de satellites opérationnels (dont plusieurs dizaines sur l'Europe). Mais l'originalité des nouvelles générations d'équipements réside dans le fait que ces satellites constituent les éléments de réseaux numériques intégrés, transmettant à la fois des voies téléphoniques et des données, des images et des textes, et transportant des images télévisuelles et des sons.

3. **Vers les autoroutes de l'information.** — Avec le développement du numérique, les câbles et les satellites vont voir leurs possibilités démultiplier. En effet, en terme de diffusion, chaque canal analogique est susceptible de transporter jusqu'à 8 ou 10 programmes numériques ; et donc un satellite à 16 répéteurs pourra diffuser une centaine de services ; ou un réseau câblé à 38 canaux pourra en diffuser 150 à 200.

Mais, couplés à l'utilisation d'une voie de retour à débit plus faible (intégrée au réseau pour le câble ; celle du réseau téléphonique pour le satellite), ces médias autorisent, par leurs capacités de plusieurs dizaines de mégabits, la mise en œuvre de services interactifs très efficaces et répondant, avant la mise en œuvre, longue et coûteuse, de réseaux commutés à large bande, à plus de 90 % de la demande du grand public : c'est dans ce cadre que se sont mises en place, en 1995, l'opération Multicâble, sur le réseau de Paris, et, en 1996, C : dans le « bouquet » de Canal Satellite.

Ces perspectives montrent, ainsi, que les systèmes de télécommunication couplant un réseau de distribution à fort débit, comme les satellites ou les réseaux câblés, et une voie de retour à faible débit utilisée pour une commande, une transaction, une interrogation, un paiement, sont porteurs de possibilités très riches, pour transporter et distribuer les programmes et services de communication. En France, ces systèmes sont ainsi l'un des facteurs essentiels de mise en place de la société de l'information.

II. — **Les programmes et les services à la demande**

Ils concernent trois types de dispositifs : la vidéo ; la vidéographie et les services « en ligne » ; les systèmes à accès sélectif.

1. **La « vidéo ».** — A l'instar des économistes, les ingénieurs considèrent successivement le marché des institutions, celui des organisations plus ou moins vastes (qu'elles soient publiques ou privées) et celui du grand public (les ménages ou les usagers résidentiels).

A) *Le marché « grand public ».* — L'essentiel du marché grand public des lecteurs de vidéocassettes continuera à s'appuyer, au moins pour quelques années, sur différents types d'utilisations. D'abord le besoin d'enregistrement des programmes diffusés par les télévisions hertziennes, les satellites ou les réseaux câblés. Comme le montre l'exemple américain, ce phénomène pourrait être d'autant plus important que le nombre et la diversité des programmes augmenteront. En effet, vis-à-vis de la télévision, la vidéo représente une certaine forme de libération du téléspectateur : par le programme, choisi à sa propre initiative : mais aussi par rapport aux contraintes inhérentes à la programmation (l'enregistrement permet de maîtriser le moment où l'émission sera regardée, mais la multidiffusion décalée d'un même programme, autorisée par le numérique, risque de réduire largement cet avantage).

Ensuite le marché, en achat direct, de la cassette enregistrée, continue à se développer de manière significative. Et il en est de même avec le marché de la location (le prix d'une place de cinéma pour une journée).

Jusqu'au milieu des années 1980-1990, l'émergence du vidéodisque apparaissait comme devoir ouvrir un marché prometteur de l'édition audiovisuelle préenregistrée susceptible, progressivement, de supplanter la vidéocassette. Mais le vidéodisque grand public a, pour le moment, échoué dans cette tentative. En fait, en France, l'introduction du vidéodisque s'insérait dans une succession d'expériences mais n'a pas créé un marché de masse. Par contre, le CD-I pourrait, lui, marquer le véritable démarrage de l'utilisation des supports optiques dans l'audiovisuel.

B) *Le marché « institutionnel »*. — Il comprend les domaines suivants : communication dans l'entreprise (formation et informations générales internes par exemple) ; éducation, écoles, universités centres de recyclage, promotion ou formation postuniversitaire de certaines professions ; promotion auprès de la clientèle (dans les banques, les bureaux de poste sur les services rendus par ces établissements ; dans les grands magasins, dans les halls des cinémas sur les films projetés, dans les salles d'un même complexe ou d'une même chaîne, etc.) ; passe-temps de la clientèle sur les lieux d'attente (aéroports, caisse des supermarchés).

Pour ce type de marché, la fonction « enregistrement » n'est, la plupart du temps, pas nécessaire. Et par ailleurs, certains de ces domaines supposent un fonctionnement continu et programmé. Si donc, dans un premier temps, la cassette vidéo a été utilisée, elle a été remplacée par le disque optique.

Cette distinction actuelle entre le domaine grand public et le domaine institutionnel ne doit pas laisser croire à une séparation irrémédiable. Plus qu'une hiérarchie dans la technologie des matériels, elle traduit d'abord une hiérarchie dans les moyens financiers et la technicité des usagers.

Le client institutionnel est capable de payer plus cher que le client grand public un matériel dont il saura évaluer le service rendu (et le coût correspondant) au lieu de s'arrêter sur l'intérêt et le coût immédiats.

L'usager institutionnel est assez souvent en mesure d'assurer, lui-même, l'élaboration de ses programmes ; tandis que l'usager grand public sera contraint pour de longues années encore, de s'en remettre aux choix effectués, pour lui, par des circuits commerciaux.

C) *Disque optique ou cassette ?* — Le débat cassette/disque se pose davantage en termes de complémentarité que de concurrence :

— La cassette vidéo présente, en elle-même. de nombreux avantages : miniaturisation de l'audiovisuel (elle prend 50 fois moins de place que le film 16 m/m) ; compatibilité avec les récepteurs « couleur » du commerce ; possibilité d'enregistrement. Ses inconvénients concernent, quant à eux : le coût de la duplication des supports et leur fragilité relative (quelques centaines de passages) ; le manque de souplesse pour accéder à une image ou une séquence particulière.

— Le disque optique présente, à l'exception de l'enregistrement, les mêmes avantages que la cassette, avec une miniaturisation encore plus grande. En revanche, le support est d'un coût nettement plus faible et il offre une grande facilité d'accès à une image quelconque.

Ainsi, ces deux dispositifs ont été concurrents au début, et la cassette l'a emporté, par contre avec les nouveaux supports interactifs, une plus grande complémentarité existe maintenant et le disque trouve sa place dans le marché grand public : avec le CD-I couplé au téléviseur ; avec le CD-ROM pour les jeux, pour la culture, la VPC, etc.

Reste la question de la place de ces moyens légers parmi les médias.

Quel que soit l'engouement du public pour ces moyens, il faudra un catalogue de programmes capable de concurrencer la télévision. Bien que les rapports entre ces différents dispositifs ne se posent pas uniquement en termes de concurrence. l'enrichissement des programmes diffusés aura un impact déterminant sur l'évolution future du marché. Dans ce contexte, on peut imaginer une sorte de processus d'auto-amplification entre la télévision et les supports individuels.

Les sociétés d'édition ont commencé à manifester un certain intérêt pour les disques optiques qui constituent un nouveau support d'édition et de distribution pour de nombreux programmes.

Enfin avec le cinéma, d'une façon identique, une certaine complémentarité devrait apparaître. Tout d'abord, ces dispositifs pourraient permettre à l'industrie du cinéma d'utiliser des supports plus souples et moins coûteux que le film. Mais surtout, les moyens individuels légers pourraient constituer un nouveau canal de distribution aboutissant non plus aux salles de cinéma, mais directement aux foyers des individus, lieux privilégiés de consommation.

65

2. La vidéographie et les services « en ligne ».

A) *Le télétexte diffusé.* — Il n'est que très peu développé (quelques centaines de milliers d'utilisateurs) et concerne des services complémentaires des émissions classiques de télévision, acheminés avec les programmes. Destinés à élargir l'audience, à améliorer la qualité des prestations déjà fournies par les sociétés de télévision, ces services ont été conçus pour enrichir les programmes et apporter des suppléments d'information.

B) *Le vidéotex.* — Il combine un écran de visualisation, un clavier et le réseau du téléphone. Son développement s'inscrit dans celui des systèmes télématiques. Il faut distinguer : une télématique de service, donnant des informations d'utilité quotidienne et autorisant des usages domestiques (réservations, transactions) ; une télématique plus élaborée, accueillie par d'autres catégories d'utilisations, professionnelles ou semi-professionnelles.

Dès 1985, les caractéristiques de l'utilisation du Minitel ont été étudiées à partir d'échantillons d'utilisateurs (le panel) aussi bien en milieu professionnel qu'en milieu résidentiel ; et, à partir de 1986, des baromètres de consultation de l'Annuaire électronique sont réalisés trimestriellement auprès d'un échantillon de 2 000 Français. Enfin, à partir de 1990, grâce à la forte pénétration du Minitel, France Télécom a pu faire porter l'enquête sur un échantillon représentatif, cherchant aussi à globaliser la vision du marché.

Ces enquêtes régulières suivent six grands indicateurs : les *accédants,* pour la taille du marché télématique vidéotex, les CSP des chefs de famille, pour leur profil social, les *lieux d'accès,* pour faire la part entre l'utilisation professionnelle et privée, la *fréquence d'utilisation,* pour apprécier le trafic Télétel déclaré, donc la valeur d'usage du Minitel, la *satisfaction,* pour connaître l'opinion générale sur le produit, et le *coût* pour avoir l'avis des consommateurs sur les prix pratiqués.

Le début des années 90 a marqué la maturité de la télématique en France : incitation aux services internes aux entreprises ; ouverture à l'international ; lancement (mai 1992) des services audiotel ; lancement de Télétel Vitesse rapide ; lancement (1994) de nouveaux terminaux (service de télépaiement sécurité par carte bancaire ; Magis : terminal intégrant le lecteur de carte à puce ; Sillage : téléphone à écran Minitel).

La Télématique en France

Télétel	Nombre de terminaux (milliers)		Appels (millions)		Trafic (millions d'heures)		Codes de services	Chiffre d'affaires (millions de francs HT)	
	Minitel	émulateurs	Minitel	Annuaire électronique	Minitel	Annuaire électronique		Total	dont fournisseurs
1985	1 187						1 899		235
1986	2 237						4 152		693
1987	3 373		693	294			7 196		1 099
1988	4 228		626	384			9 578		1 126
1989	5 062		758	484			12 377		1 492
1990	5 607		862	620			14 800		1 918
1991	6 001		938	718			17 297		2 239
1992	6 272		1 015	760			20 122		2 545
1993	6 485		1 094	776			23 227	6 700	2 994
1994	6 500	600	1 129	784	73	22	24 600	6 600	3 100
1995	6 461	1 000	1 091	761	84	23	24 940	6 600	3 050

Sources : France Télécom

Audiotel	Appels (millions)	Trafic (millions d'heures)	Chiffre d'affaires (millions de francs HT)	
			Total	dont fournisseurs
1995	555	20	2 600	1 400

Sources : France Télécom

Aussi, une dizaine d'années auront été nécessaires pour atteindre la maturité et pour que 15 millions de Français soient familiarisés avec la Société de l'information. Et, au premier semestre 1995, Télétel est devenu accessible par Internet.

Un serveur accueille les utilisateurs en leur communiquant toutes les informations nécessaires (définition de Télétel, liste des services, tarifs d'accès, conditions d'abonnement, etc.) et indique comment télécharger gratuitement un émulateur PC ou MAC pour fonctionner avec le protocole de transport d'Internet.

Le paiement s'effectue par carte de crédit (aux États-Unis et au Canada) et par pré-paiement (autres pays). Les reversements aux fournisseurs de services sont effectués normalement, comme pour les reversements téléphoniques internationaux. Enfin, les fournisseurs de services ne souhaitant pas être accessibles par Internet, en ont la possibilité.

Aussi, grâce à Internet, Télétel dispose maintenant de plus de 30 millions d'utilisateurs potentiels supplémentaires.

C) *Les services en ligne.* — Depuis maintenant quelques années, et bien après les États-Unis, les ménages français commencent à s'équiper de micro-ordinateurs et, pour certains d'entre eux, de micro-ordinateurs communicants.

Avec un parc d'environ 3 millions d'appareils dans les ménages français, être équipé d'un micro-ordinateur n'est donc plus une situation marginale. Toutefois, le nombre de matériels raccordables à un réseau n'est que d'environ 1 300 000, dont 200 000 dans les ménages, avec des situations très disparates, en termes d'usages.

— 15-20 % = appareil « professionnel »
— 15-20 % = appareil « scolaire »
— 25 % = appareil « ludique »
— 20 % = appareil « utile » (travail bénévole, usages familiaux comme le courrier, les comptes du

Les services en ligne (monde)

En milliers	1989	1990	1991	1992
Abonnés (total) dont :	770	1 600	2 200	2 700
— AOL	100	110		200
— Compuserve	550		900	
— Prodigy		430	750	1 000
Intermédiaires Internet (total) dont :		380	730	1 300
— Amérique du Nord				
— Europe Ouest				

En milliers	1993	1994	1995 (*)
Abonnés (total) dont :	3 700	6 100	9 200
— AOL	530	1 500	2 900
— Compuserve	1 600	2 700	4 200
— Prodigy		1 200	1 700
Intermédiaires Internet (total) dont :	2 500	4 850	
— Amérique du Nord	1 700	3 350	
— Europe Ouest	550	1 000	

(*) Estimations.

Sources : prestataires de services, éditeurs, profession, SDI.

ménage, etc.), mais aussi en termes de capacités du parc (20 à 25 % sont anciens ; environ 5 % des appareils disposent de capacités multimédia).

En tout état de cause, l'évolution des performances, la baisse des prix de matériels et surtout le développement des services en ligne de deuxième génération, à partir de la télématique actuelle, devrait conduire à un développement important du parc. Les micro-ordinateurs équipés d'un modem auront ainsi accès aux réseaux de communication dont les capacités augmenteront de plus en plus (réseau NUMERIS, réseaux câblés, futures autoroutes de l'information s'appuyant sur la fibre optique).

En effet, ce phénomène a déjà largement démarré aux États-Unis, du fait de la non-mise en place d'un terminal spécifique comme Minitel et aux services comme ceux développés sur Internet.

Ce réseau de réseaux, de couverture mondiale, utilise un protocole d'accès unifié, des outils de navigation, de messagerie et de transfert de fichiers ergonomiques. Chaque utilisateur a un numéro d'adresse Internet, et chacun paye à son fournisseur, selon son mode d'accès (au forfait, au volume, à la durée). Mais, aujourd'hui, certaines évolutions sont néanmoins indispensables (sécurisation des échanges, rémunération systématique des fournisseurs de services, etc.).

3. **Les dispositifs à accès sélectif.** — Ces dispositifs permettent plusieurs catégories distinctes d'utilisation : la vidéotransmission ; la télévision à péage pour les particuliers sous des formes multiples (abonnement ; paiement à l'émission ; paiement à la durée) ; la télévision à accès sélectif pour les collectivités.

A) *Le marché de la vidéotransmission.* — Il est assurément spécifique : les études et les expériences ont montré que le public intéressé se caractérise par la fréquence élevée de ses sorties et par son style de vie (cadres moyens, employés, étudiants de formation supérieure ou secondaire). Ces « aventuriers » ou ces amateurs d'innovations attribuent à la vidéotransmission un rôle prépondérant pour les spectacles culturels, les retransmissions sportives, mais également pour la formation et les débats politiques. Ce marché, toutefois, est actuellement extrêmement limité.

Les prestataires de programmes de vidéotransmission sont ou bien des institutions (entreprises, administrations), ou bien des organismes tels que des concepteurs de spectacles, des associations, ou des municipalités, des organisateurs de séminaires ou des chaînes hôtelières.

La vidéotransmission apporte au premier groupe, des possibilités appréciables, dans certaines situations où les moyens de communication existants ne sont pas parfaitement adaptés. Elle permet une communication rationnelle, centrée sur les objectifs de l'organisme à l'origine des programmes : présentation d'un produit nouveau, information interne ou externe pour les membres d'une entreprise ou d'une organisation. Et ainsi son financement est assuré directement. Les possibilités de retour « son » et/ou « image » accroissent l'intérêt de communication de tels services.

Pour le deuxième groupe, la vidéotransmission facilite l'animation sociale : d'une part, projets commerciaux, à base de spectacles financés par la vente de billets ; d'autre part, événements sociaux intéressant une collectivité.

B) *La télévision à péage pour les particuliers.* — Avec le lancement, en 1975, du *Home Box Office,* les États-Unis furent les pionniers de la télévision à péage : les réseaux de câbles offrent à leurs abonnés une programmation de films, sans interruptions publicitaires, qui leur est acheminée par satellites. Inaugurée en novembre 1984, *Canal Plus,* en France, est une incontestable réussite puisque, fin 1995, cette chaîne comptait près de 4 millions d'abonnés. Elle utilise le réseau hertzien et les satellites pour acheminer ses programmes cryptés, jusqu'aux décodeurs de ses abonnés.

Le péage est déterminé actuellement sur la base d'un forfait mais des modes très diversifiés de consommation vont, dès 1996, pouvoir se mettre en place. Et différentes formes de télévision à péage vont se développer. En effet, la multiplication des chaînes diffusées par satellite se heurte aujourd'hui à l'insuffisance des ressources financières disponibles : la redevance et la publicité ayant précisément atteint leur niveau maximum. Le péage, sous différentes formes, permet de dégager de nouveaux moyens de financement et d'imaginer de nouvelles chaînes.

La télévision payante en Europe

	Nombre d'abonnés ou de ménages équipés (millions) en 1994		
	Câble	Satellite	Hertzien
Nombre total dont :	31	15,4	
— Allemagne	14,5	8,0	
— Belgique	3,6	0,03	
— France	1,7	0,7	3,5
Télévision payante dont France	10,3 millions d'abonnés (en 1994) 3,8 millions (en 1994) et plus de 4 millions en 1995		

Chiffre d'affaires télévision payante (1994)

— environ 25 milliards proviennent des abonnements en câble
— environ 16 milliards (1994) et 20,5 milliards (1995) proviennent des abonnements à une chaîne payante ou à un bouquet satellite
Plus de la moitié est réalisée par Canal +

Sources : SDI, BIPE Conseil, Câble et satellite, SES Astra, Rapports d'activités divers.

C'est pourquoi de nombreux opérateurs ont opté pour la télévision à péage. Ces services peuvent espérer une bonne rentabilité, même avec une relativement faible audience. Indépendants de la publicité, il ne leur est pas nécessaire de rechercher une audience maximale. Ils peuvent réaliser des profits en répondant à des besoins ciblés et dans des conditions de prix raisonnables. La réussite des chaînes thématiques américaines en est la démonstration ; et chacun sait que le câble ou la réception directe ne sauraient vivre sans chaînes payantes.

Si l'embrouillage paraît relativement aisé, il est moins simple de contrôler l'accès aux terminaux de désembrouillage, afin de maîtriser strictement la commercialisation des programmes et éviter le piratage.

La sûreté du cryptage est ainsi étroitement liée à deux problèmes, tous deux connexes à la possibilité de délimiter clairement les zones de diffusion :

— cela permet de définir clairement les zones d'achat de droits, lors des négociations avec les producteurs et les distributeurs de programmes ;
— cela permet aussi de bien contrôler la commercialisation des décodeurs et des abonnements.

La plupart des systèmes, même s'ils sont sensiblement différents, fonctionnent sur la même base conceptuelle.

La première contrainte est de proposer aux abonnés-clients d'un service ou d'un bouquet, un système de cryptage unique et partageable entre plusieurs opérateurs de services, de façon à rendre commun l'équipement du centre de gestion et à éviter aux téléspectateurs de multiplier les décodeurs, ceci en offrant des conditions absolues de sécurité et de confidentialité.

A cet endroit deux thèses s'opposent :

— celle de l'ouverture et de la transparence du système à tous les éditeurs de services qu'ils soient associés ou concurrents. Ceci implique, semble-t-il, que le gestionnaire du système ne commercialise pas lui-même les services et soit indépendant des fournisseurs auxquels il apporte son système de gestion du contrôle d'accès en garantissant, à ces derniers, une absolue confidentialité des fichiers d'abonnés ;
— celle de la fermeture du système sur un nombre déterminé de services gérés et fédérés par un seul opérateur qui commercialise lui-même l'ensemble.

Ensuite, ce système doit, de préférence, être transparent à l'égard des canaux de diffusion, c'est-à-dire identique sur les réseaux câblés comme en réception satellitaire directe.

Enfin, il doit être complet et permettre le développement de toutes les formes de services à péage (abonnement, réservation, achat impulsif ou paiement à la durée...). Il doit aussi être évolutif et permettre l'introduction de nouvelles fonctionnalités.

Plusieurs types d'abonnement sont possibles, et plusieurs fonctionnalités peuvent être développées, grâce aux divers systèmes en fonctionnement : l'abonnement global ; les abonnements par thèmes (sport, musique, etc.) ou par niveaux (de prix par exemple) ; le paiement à la séance *(pay per view)* ; l'achat impulsif sur la base d'un crédit de droits ouverts à l'avance avec pré-paiement ; l'extension de l'abonnement par téléchargement ; le code parental ; la messagerie individualisée.

Avec les systèmes récents, une puce insérée dans une carte contient l'identification de l'abonné et mémorise les droits achetés par celui-ci. La mise à jour ou l'annulation de la carte est faite à distance, via le réseau téléphonique ou via le signal de télévision.

Différents systèmes fonctionnent aujourd'hui (Syster, Eurocrypt, Direct TV, Simulcrypt, etc.), tous différents, mais tous en voie de numérisation (Mediagard, Viaccess, etc.). Ils font l'objet de luttes commerciales et industrielles majeures car l'enjeu de cette fin de siècle est bien celui d'une fragmentation des audiences autour des chaînes thématiques et de services payants, diffusées par satellites et/ou reprises sur les réseaux câblés.

Comme le montre l'exemple des États-Unis, les chaînes payantes vont connaître, avec le numérique, une rapide expansion en Europe.

C) *Payer pour voir :* le *pay per view,* ou paiement à la consommation, va se développer fortement, à partir de 1996/1997, avec la numérisation. Il devrait en effet être possible de multiplexer les diffusions sur les canaux numériques (très peu coûteux) en les décalant de quelques dizaines de minutes et obtenir aussi une quasi-vidéo à la demande.

En effet, on constate une tendance générale à l'individualisation de la consommation des programmes de télévision. Après le premier développement des télévisions généralistes hertziennes, tout ce qui pouvait être diffusé gratuitement pour le téléspectateur (payé en fait par la redevance ou par la publicité), l'a été. Ensuite, les chaînes cryptées sont apparues. Les téléspectateurs ont alors acheté l'ensemble d'un programme généraliste ou thématique. Encore plus proches des pratiques quotidiennes des consommateurs de télévision, les systèmes à condition d'accès permettent à présent de satisfaire une demande exprimée en fonction de plusieurs choix proposés, et cela en identifiant et en tarifant le demandeur. La technique permet, aujourd'hui, la mise en place du paiement à la consommation de programmes de télévision ; et le taux de rentabilité de tels systèmes semble accessible puisque, dans la plupart des expérimentations, il se situait entre une et deux consommations mensuelles, ce qui permet, eu égard au montant des droits et aux tarifs pratiqués, d'espérer un développement équivalent à celui de la vidéo. (Aux États-Unis, le *pay per view,* équivalent de ce type de consommation télévisuelle, dégage un chiffre d'affaires de 800 millions de dollars avec un taux de progression de 20 à 40 % par an. C'est le support qui rapporte le plus aux producteurs.)

Enfin, ce nouveau support se situe dans la chaîne de l'exploitation d'un produit, d'une œuvre audiovisuelle. Après l'exploitation en salle et en même temps que la vente en vidéocassette, le paiement à la consommation se situe avant l'exploitation par les chaînes à péage, ce qui ne va pas sans certaines réticences de la part de ces dernières. Un des importants bénéficiaires de l'avènement de ce support est le producteur de film. Celui-ci pourra trouver, dans le péage à la consommation, une nouvelle source de financement de ses productions.

Tout indique que la fin des années 90 correspondra à l'explosion des services de ce type, tout en relativisant les chiffres d'affaires induits. Paul Kagan, un consultant américain, montre en effet que le *pay per view* ne représentait que 0,1 % du chiffre d'affaires du câble en 1990, et que les projections ne lui permettent d'espérer qu'un peu plus de 8 % à l'horizon de l'an 2000. De plus, si la croissance de cette activité suscite, à juste titre, l'intérêt des opérateurs, l'échec de la retransmission des jeux Olympiques de Barcelone par le tandem NBC/Câblevision est là pour montrer qu'il s'agit d'un nouveau métier de la télévision et que le choix des produits demeure très délicat, ainsi que le marketing qui leur est lié. Par ailleurs, les Américains pensent que les opportunités ouvertes par le *pay per view* ne seront réellement viables qu'au plan mondial et si les opérateurs s'associent. De l'Extrême-Orient avec Ruppert Murdoch, à l'Europe de l'Ouest avec TCI et Turner, sans oublier l'Australie, le Moyen-Orient et l'Europe de l'Est, ils tentent aujourd'hui de s'implanter partout dans le monde.

Et les groupes européens, comme TPS (Télévision par Satellite : associant TF1, la CLT, M6, France Télévision, France Télécom, Lyonnaise communication) ou Canal +, ne raisonnent, eux aussi, qu'au niveau d'un continent ; le lancement commercial des services étant prévu pour 96.

Il faut noter, enfin, que la conquête du marché se fera plus sur la détention des droits que sur la technique ; le numérique permettant de lancer de tels services à plus grande échelle. Les diffuseurs qui détiennent les plus gros catalogues risquent de gagner la bataille ; et on sait qu'aujourd'hui, les grands diffuseurs hertziens et les chaînes thématiques détiennent dans ce domaine une avance plus que confortable.

C) *La télévision de service à accès sélectif.* — Ce dispositif d'accès conditionnel présente également un certain intérêt pour les entreprises ou les institutions, dans des secteurs d'activité très variés. Ce type de service peut également trouver sa place dans le domaine de l'enseignement.

Dans le cadre d'entreprises ou d'organismes importants, les points de réception se situent au milieu des succursales et des agences, des grossistes et détaillants, des concessionnaires, des établissements d'enseignement... Les petites et moyennes entreprises, les membres des professions libérales pourraient également constituer un public non négligeable.

L'importance du marché constitué par les petites et moyennes entreprises et industries ainsi que par les professions libérales a suscité un certain nombre d'expériences et de réalisations permanentes opérationnelles.

Les programmes sont généralement constitués par des magazines très diversifiés quant à leur objet : description technique et présentation de nouveaux produits : formation professionnelle ; argumentaires de ventes ; informations générales à l'entreprise ou au secteur d'activité concerné. Ils sont acheminés par satellite.

Enfin, il est possible, sur les satellites, de développer des usages du même type, à destination des ménages, des institutions, et de lieux publics (sonorisation de halls de gare, d'aéroports, de supermarchés, de salons de coiffure, etc.).

Ainsi se mettent progressivement en place, sur les réseaux, des systèmes très diversifiés de contrôle de l'accès : abonnement à un programme ; paiement à la consommation ; etc. Ces dispositifs permettent une valorisation des programmes et, pour les abonnés, une grande souplesse et une grande confidentialité dans leurs relations avec la télévision.

La finalité de ces procédures est de permettre le développement de ce marché dans une transparence économique (où chacun est rémunéré en fonction de la valeur ajoutée qu'il apporte) et dans une transparence de l'accès (chaque récepteur pouvant être connecté à tous les programmes en service).

Chapitre II

LES FUTURS EN ROSE
OU EN NOIR

Alors que les ingénieurs dessinent le futur à coups de statistiques, d'expérimentations ou d'extrapolations, les sociologues ou les philosophes, convertis à la divination, imaginent l'avenir des nouveaux médias. Et ils dépeignent la société de demain, en rose ou en noir, à travers leurs certitudes d'aujourd'hui.

A coup sûr, les futurs imaginaires qu'ils inventent font déjà partie de notre réalité : ils corroborent certaines idées reçues sur les médias, à l'instant même où ils s'en inspirent. Et ils contribuent, chemin faisant, à baliser le terrain des représentations sociales où se joue, dans une grande mesure, l'avenir de ces médias qui, pour quelques années encore, continueront d'être nouveaux.

I. — Village global
ou goulag électronique

Les anciens médias démultipliés par les nouveaux venus, devenus ainsi multimédia, l'humanité précipitée d'un même mouvement vers l'infiniment grand et l'infiniment petit, l'abolition des frontières entre les médias, anciens et nouveaux confondus : ces évolutions simultanées inspirent en alternance les craintes les plus pathétiques et les espérances les plus extravagantes. Les uns y voient l'annonce de la communication universelle, le jour où n'importe qui pourra enfin accéder à n'importe qui ou à n'importe quoi, n'importe quand, de n'importe où, et n'importe comment : l'avènement du « village global » de MacLuhan, la fraternité grâce à l'électronique, l'humanité réconciliée avec elle-même par la multiplication des machines à "communiquer". Les autres, à l'inverse, considèrent que la prolifération des médias annonce, comme la nuée l'orage, la fin de la vie privée et de la liberté individuelle : le goulag électronique, l'absolue transparence de la société ou la possibilité techniquement illimitée pour quelques-uns de surveiller et d'assujettir la multitude.

1. **Les futurs en rose.** — MacLuhan devint célèbre, en 1964, dès la parution de son livre *Pour comprendre les médias,* non pas en proposant aux chercheurs une approche originale ou une théorie plus féconde, mais parce qu'il annonçait la fin de l'enfer de la pensée écrite et abstraite, la « retribalisation » de l'humanité grâce à la télévision, le « village global » pour bientôt, le jour où les satellites cesseraient de porter des bombes pour permettre enfin aux hommes de mieux « communiquer » les uns avec les autres.

Les épigones de MacLuhan, aujourd'hui, sont légion. Encouragés par les ingénieurs, ils voient dans les expériences menées avec les nouveaux médias, avec des engins spatiaux ou avec ces outils développés dans les grandes villes américaines ou japonaises, un premier pas vers la communication de tous avec chacun et de chacun avec tous. D'un côté, est présente à leur esprit l'image du point Oméga teilhardien, revue et corrigée par le prophète de Toronto, quand ils considèrent les perspectives ouvertes par les satellites et les futures autoroutes de l'information. De l'autre, ils voient la libération providentielle du téléspectateur dans l'avènement d'une télévision enfin libérée des programmations autoritaires, grâce aux vidéogrammes, aux câbles, aux supports optiques (CD-I ; CD-ROM) et à la « voie de retour ».

2. **Les futurs en noir.** — Ceux qui voient l'avenir en noir ne semblent pas moins nombreux que les autres. S'il est assez vain, pourtant, de tenter d'évaluer l'influence respective de ceux-ci et de ceux-là, il n'est certes pas indifférent que l'inspiration des futurologues en noir soit aussi diverse, ni que leur influence n'ait guère cessé de grandir.

Au premier rang, parmi ceux dont les pronostics rencontrent un certain écho, les nostalgiques impénitents : éternels déçus du présent, ils voient le passé en rose et l'avenir en noir. Avec la prolifération des nouveaux médias, ils craignent que certains modes de vie, liés à ce qu'ils nomment identités culturelles, soient définitivement balayés par l'irrésistible ascension d'une culture immanquablement produite selon une technique industrielle.

Différentes, aussi bien dans leur inspiration que dans leur portée, sont les craintes exprimées par ces observateurs, nos contemporains, qui se veulent attentifs aux implications prévisibles de l'expansion des nouveaux médias. Celles, notamment, fort heureusement résumées par la formule de Simon Nora et de Alain Minc : « la surabondance des signes s'accompagne de la pauvreté des sens ». Formule qui suggère immanquablement la question : au total, cette société riche en médias ne sera-t-elle pas aussi celle où chacun éprouvera le plus grand besoin de communication ? Formule qui appelle la remarque de Ithiel de Sola Pool spécialiste de sciences politiques du MIT de Boston : « Nous sommes submergés par un torrent de communications, et pourtant on entend partout les gens se plaindre d'un manque de communication (...). Les citoyens regardent la télévision, lisent les journaux, écoutent la radio, mais s'ils écoutent, ils ont l'impression de ne pas être écoutés. »

De tous les futurs en noir, les plus répandus, sans nul doute, se réclament d'une certaine conception de la démocratie. Au nom de l'égalité, certains redoutent que les nouveaux médias creusent davantage encore le fossé séparant les riches et les pauvres, ceux qui pourront s'offrir des messages sélectionnés ou de qualité, et ceux qui devront se contenter des *mass media,* usines à messages fabriqués pour le plus grand nombre et selon une technique industrielle. Et ils demeurent souvent insensibles à l'argument selon lequel le marché de masse se charge toujours d'organiser la diffusion des biens ou des services, quels qu'ils soient, jusqu'aux confins des catégories sociales les plus pauvres.

Autre pronostic, plus inquiétant pour la démocratie : il concerne les implications de la fragmentation accrue des audiences, résultat apparemment inéluctable de la numérisation et de l'expansion des nouveaux médias. Jusqu'à quelle absence d'identité commune la diversification des messages ou la multiplication des médias ne pourrait-elle pas aller ? Que sera le débat démocratique, le jour où les représentants d'une même Cité ne seront pas pareillement éclairés par les grands organes d'information, lorsque tous seront également ignorants, non seulement de ce qu'il faut penser des affaires publiques, mais également de quoi celles-ci sont faites ? Comment l'esprit démocratique ne s'étiolerait-il pas, à mesure que se multiplient les canaux de télévision, les machines à informer à accès sélectif, sur commande individuelle, et que simultanément déclinent inexorablement les grands journaux, écrits ou parlés, nés en même temps que le journalisme moderne et les élections disputées ?

Posée au nom de l'idée démocratique, la question signale un danger : l'utopie technocratique des médias variés et omniprésents peut conduire en effet les sociétés à donner la préférence aux petits médias, ceux qui cultivent les différences ou les individualismes, aux dépens des grands médias, des *mass media,* alliés plus sûrs des valeurs de solidarité et d'union. Au bout de la cacophonie, le danger n'est jamais écarté de trouver, avec la crise du pouvoir légitime, la fin de l'état de droit et l'irrésistible montée des pouvoirs occultes.

II. — **Entre le rose et le noir**

Entre les futurs en rose et les futurs en noir, entre ceux qui prophétisent la réconciliation des hommes – « we are one » – et ceux qui redoutent l'avènement des barbaries « à visage humain », il n'y a pas seulement la distance qui sépare ordinairement les optimistes des pessimistes. Il y a désormais beaucoup plus que les divergences à propos de notre avenir entre la Galaxie Marconi de Marshall McLuhan et le « 1984 » de Georges Orwell. Il y a même autre chose que l'incompatibilité d'inspiration ou de pensée entre le pari d'un Teilhard de Chardin et le scepticisme de Hobbes ou de Machiavel.

L'essentiel, en fait, est ailleurs : entre ceux qui voient l'avenir avec les traits de la convivialité et ceux qui annoncent l'apocalypse technocratique, il y a désormais une complicité cachée : les uns et les autres s'accordent pour penser que les médias, en tant que machines à « communiquer », déterminent, et qu'ils ne peuvent pas ne pas déterminer, en même temps que l'avenir des sociétés, celui des hommes et de l'humanité tout entière. Aux yeux de tous, les techniques de diffusion ou de communication semblent avoir, pour le meilleur ou pour le pire, une espèce de vocation qui condamne les hommes à la résignation ou au fatalisme. Cédant au déterminisme absolu des techniques, chacun adopte ainsi une attitude prophétique, se réservant de cristalliser sur le futur ses inclinations, ses angoisses et ses aspirations les plus trompeuses.

Entre le rose et le noir, se gardant aussi bien du fatalisme que de la prophétie, d'autres futurs sont imaginés pour les nouveaux médias : ils tracent les voies du souhaitable, restituant à chacun sa part de liberté ou de responsabilité. Pour autant, ces autres futurs n'en sont pas moins qualifiés, eux aussi, pour appartenir, déjà, à notre présent.

1. **Des opportunités pour sortir de la crise.** — Parmi toutes les vertus que l'on est tenté de prêter aux nouveaux médias, depuis 1993/1994, il en est une à laquelle les sociétés occidentales ne pouvaient manquer d'accorder une grande importance : celle consistant à faire du développement des techniques de communication un moyen privilégié de surmonter la crise née au début des années 90. Nombreux sont ceux, économistes ou politiques, qui voient dans la société de l'information, moins une menace pour l'emploi à très court terme, mais beaucoup plus une chance, pour les sociétés industrielles, de vaincre leurs difficultés apparemment les plus insurmontables.

Les nouveaux médias peuvent aider à résoudre la crise écologique : l'information qu'ils transmettent est immatérielle, et elle apparaît comme un produit de substitution possible pour la matière dont elle évite ainsi le gaspillage inconséquent. Ils constituent du même coup un remède à la crise énergétique : en réduisant dans une certaine mesure le nombre des déplacements des hommes et des produits, la circulation de l'information favorise largement la décentralisation urbaine et l'occupation plus harmonieuse du territoire.

Enfin et surtout, en traitant l'information, en la stockant et en la diffusant selon des programmes établis une fois pour toutes, les nouveaux médias rendent le travail intellectuel infiniment plus facile et plus efficace. Machines à apprendre en même temps que moyens appropriés pour rendre plus aisément accessible l'information utilitaire, celle de la vie quotidienne (météorologie), du commerce (petites annonces) ou du savoir encyclopédique (banques ou bases de données), ils changent les conditions du travail, à l'usine, au bureau ou au domicile des particuliers. A ce titre, leur expansion, au sein des organisations ou auprès du grand public, peut assurément apporter des solutions heureuses à certains aspects de la crise actuelle du monde du travail. Déjà, en 1980, la mise à la disposition des administrations, dans les lieux publics comme les mairies ou les bureaux de postes, de certaines de ces machines à informer ou à former fut présentée comme un remède possible au « mal français ».

2. **Des champs nouveaux pour la liberté.** — C'est Jean d'Arcy, fondateur de l'Eurovision en 1954, qui fut le premier à saluer l'avènement des nouveaux médias, après celui de la télévision, comme une chance pour la liberté d'expression. Dès 1969, il affirme, dans un article publié par la *Revue de l'Union européenne de Radiodiffusion* : « La Déclaration universelle des Droits

de l'Homme qui, il y a vingt et un ans, pour la première fois établissait en son article 19 le droit de l'homme à l'information, aura un jour à reconnaître un droit plus large : le droit de l'homme à la communication. »

Le plaidoyer en faveur du nouveau droit semble s'ordonner autour de deux arguments principaux : le premier réside dans les virtualités que recèlent les techniques nouvelles de communication ; le second n'est autre que l'expression renouvelée du vieil idéal d'une société « de communication », d'une société enfin fraternelle et solidaire, réconciliée avec elle-même. Prenant acte de l'évolution des médias, Jean d'Arcy proposait ce diagnostic, en guise de point de départ : après une longue période de communication unidirectionnelle et verticale, l'âge advient, grâce aux nouvelles techniques, d'une communication enfin interactive et horizontale.

En même temps que la fin de la communication rare et chère, les nouveaux médias annoncent le temps des communications toujours plus nombreuses et plus authentiques entre les hommes, entre les groupes, entre les pays ou entre les cultures. C'est cette double victoire sur le temps et sur l'espace qui constitue, pour la liberté. un nouvel espoir. Ainsi, le droit de l'homme à la communication, dont Jean d'Arcy faisait un « concept », pour mieux souligner qu'il n'avait encore trouvé « ni sa forme, ni son réel contenu », a plusieurs domaines d'appréciation : à l'échelle internationale et à l'échelle de chaque nation et de chaque individu.

Certes, il est vrai que les scénarios en rose ou en noir ôtent à la volonté des hommes toute possibilité d'infléchir le cours de leur histoire. Et ce n'est pas l'un des moindres mérites du combat pour le « droit de l'homme à la communication » que de rappeler la diversité des applications possibles des techniques. Ce n'est pas non plus l'un de ses moindres mérites que d'inviter à déterminer les conditions pour que les médias soient des instruments de liberté et non d'asservissement. Comme le soulignait en 1982 André Danzin, directeur de l'Institut de recherche d'informatique et d'automatique : « la machine fera ce qu'on lui dira de faire ». Pourquoi, en apportant l'abondance, la bidirectionnalité et les programmes à accès sélectif, les nouveaux médias ne permettraient-ils pas en effet d'inventer d'autres modèles de radiotélévision ? Pourquoi la société de l'information serait-elle par vocation antidémocratique, alors qu'elle organise de façon systématique l'échange de messages entre les hommes et qu'elle multiplie, pareillement, les réseaux de l'interaction sociale ? A ceux qui pensent le souhaitable, les nouveaux médias ne rappellent-ils pas que la liberté d'expression se définit à la fois par la liberté d'émettre des messages et par la liberté d'en recevoir ?

TROISIÈME PARTIE

LES FUTURS POSSIBLES

Les futurs que tracent les ingénieurs et ceux que dépeignent les devins de notre époque sont pareillement imaginaires. Ils n'en font pas moins partie intégrante de la réalité d'aujourd'hui. Car ils nourrissent le débat sur les nouveaux médias et le multimédia, en l'obscurcissant parfois, alors qu'ils prétendent toujours l'éclairer. Et ils guident de la même manière ceux qui déterminent la règle du jeu, législateurs ou gouvernants.

A double titre, l'examen de ces futurs imaginaires constituait donc un passage obligé pour identifier les nouveaux médias. Ce qu'ils sont en train de devenir dépend des craintes et des espoirs qu'ils inspirent, si extravagants soient-ils. Mais pour les mêmes raisons, l'étude des nouveaux médias, de leurs réalités et de leurs virtualités, renvoie également à l'évaluation de chacun de leurs futurs possibles. Quoi donc les sociétés d'aujourd'hui peuvent-elles en faire, si divergentes que soient les appréciations sur leurs dangers ou leurs promesses ? De quels moyens les gouvernants disposent-ils pour surmonter les obstacles à l'utilisation de ces techniques plus ou moins récentes ?

En tant que techniques, les médias offrent des possibilités diverses. Ils ont aussi leurs limites, qui tiennent à la nature des choses. Mais l'avenir des médias, anciens et nouveaux confondus, dépend aussi des choix que feront les sociétés ou ceux qui décident en leur nom. A cet endroit, la ruse de la raison se heurte à des obstacles qui ne sont pas seulement ceux de la technique.

Ainsi, pour les médias décrétés nouveaux, la délimitation des futurs possibles conduit immanquablement vers l'évaluation de ce qui revient respectivement à la nature des choses et à la volonté des hommes. Ou, si l'on préfère, aux nécessités de la technique et aux choix incertains ou arbitraires de la politique.

Chapitre I

LES NÉCESSITÉS DE LA TECHNIQUE

L'évolution des diverses contraintes qui pèsent sur l'avenir des nouveaux médias, contraintes tenant à la nature des choses ou aux nécessités de la technique, concerne principalement deux domaines, faciles à délimiter : d'abord, celui de la télédiffusion, qu'elle soit large ou étroite, ainsi que celui de la télécommunication, au sens étymologique du terme ; ensuite, celui des vidéogrammes, qu'il s'agisse des cassettes ou des supports optiques (CD-ROM ; CD-I ; etc.).

I. — La télédiffusion

Les moyens de diffusion permettent de mettre à la disposition des usagers, de façon anonyme, un nombre relativement important de programmes. Et cette offre est en train de se démultiplier avec le numérique.

En France : sept programmes « couleur » de télévision ; de nombreux programmes publics et privés de radiodiffusion nationaux, régionaux ou locaux, en modulation d'amplitude ou en modulation de fréquence ; quelques programmes locaux de télévision en diffusion hertzienne ; de nombreux programmes thématiques acheminés sur les réseaux câblés et les satellites.

Cette politique de diffusion, large ou étroite, trouvera néanmoins ses limites, surtout par des contraintes économiques et financières (investissements lourds et coûteux comme par exemple ceux du câble, importantes charges de fonctionnement induites).

1. **La télédistribution : un support local.** — Les expériences menées, en France, au début de la décennie 1970-1980, avaient montré que, dans une certaine mesure, il était possible de faire vivre un réseau dans une ville nouvelle (câbles installés avec les infrastructures), les coûts d'exploitation, de maintenance et de programmes étant couverts par des recettes commerciales.

Selon des conditions qui dépendent de l'urbanisme, le coût de la prise peut représenter aussi bien une fraction du prix d'un téléviseur, que plusieurs fois ce prix. Le raccordement n'est indolore que si la charge correspondante est incluse dans d'autres dépenses (achat de la prise avec le pavillon, paiement avec les infrastructures urbaines) ou si une partie est financée, globalement, dans le cadre d'une vaste politique de développement des réseaux, mise en place par la puissance publique ou des sociétés privées.

Les charges annuelles de fonctionnement peuvent, elles aussi, être dissuasives pour l'usager, puisqu'elles s'échelonnent à la fois selon la nature des réseaux et en fonction des services proposés, entre environ la moitié et trois fois le montant de la redevance de radiotélévision ; ce qui semble bien constituer, quels que soient le nombre ou la nature des services proposés, une limite « psychologique » difficile à franchir. On s'est donc orienté, à la fin des années 80, vers la mise en place de niveaux de services très différenciés et de tarifications correspondantes : service de base pour 9 à 12 programmes ; tarification de quelques dizaines de francs par mois ; raccordements collectifs ; segmentations des offres ; paiements à l'acte ; etc. L'évolution du nombre des abonnés reste, toutefois, peu dynamique.

2. **Une large diffusion des programmes : le satellite.** — Le plan adopté à Genève en 1977 autorisait, pour les dernières décennies du siècle, le développement de la diffusion directe par satellite. La mise en place de ce type de services ne s'est pas effectuée en analogique avec des satellites lourds, mais avec des satellites de télécommunication de 2e génération s'appuyant sur le numérique. En tout état de cause, la bataille est maintenant engagée. Et elle représente, sans doute, pour la

France et l'Europe, un défi culturel et un enjeu économique.

En effet, le numérique va marquer l'avènement de nouvelles formes de télévision avec les problèmes de création de nouveaux services et d'équipement du public en matériels de réception.

On peut constater une tendance générale de l'offre télévisuelle associant trois grands types de produits-programmes qui pourront tous être diffusés à l'intérieur d'un même bouquet :

— *maintien des chaînes généralistes* financées par la publicité et/ou la redevance, lié à la recherche d'une forte audience (programmant jeux, émissions conviviales, shows en tout genre) et cherchant à coller de très près à un très large public ;

— *développement des chaînes thématiques* financées par des abonnements libérés des contraintes d'objectif de forte audience, mais appuyées sur une forte image et à une bonne qualité de programmation (chaînes d'information par exemple) ;

— *développement du* pay per view *et de la vidéo* presqu'à la demande sur les créneaux des grands événements (sport en particulier) et du cinéma, permettant une sélectivité extrême des programmes ;

— *développement des chaînes de service* (téléachat, météo, petites annonces, etc.) ;

— *développement de l'interactivité en général,* et de services de type diffusion de données avec téléchargement.

L'arrivée du numérique ne devrait pas beaucoup élargir l'offre de base. Il devrait, surtout, rajouter de nouveaux services spécifiques multimédia et occuper un nombre important de canaux pour diffuser des programmes multiplexés, élargir l'offre du *pay per view,* faciliter l'autoprogrammation des abonnés, en proposant plusieurs choix horaires pour des programmations identiques ou en permettant de décliner certains thèmes (par exemple, proposer sur un canal voisin, le développement d'un sujet traité très rapidement dans le journal d'une chaîne d'information).

Bien sûr, la déclinaison des thèmes peut se faire à l'infini. Toutefois, il est peu probable (si on exclut, les services interactifs) que les chaînes encore à naître (et elles sont nombreuses), sortiront de ces catégories générales.

3. **La bataille des programmes.** — La première limite à une prolifération des chaînes thématiques serait la limitation de la créativité des auteurs, réalisateurs et producteurs. L'augmentation de la demande pourrait fort bien ne pas correspondre à un potentiel réel de création. En effet, on constate aujourd'hui aux États-Unis un certain essoufflement des formats de programmes nouveaux, qui, joint à la prudence imposée par les contraintes marketing, pousse les Américains à commencer à chercher ailleurs les idées. Limite aussi, le rapport entre le chiffre d'affaires et les coûts de grilles, quand on sait que les budgets des chaînes thématiques demeureront bas par rapport à ceux des chaînes généralistes.

Pour certaines chaînes très spécialisées, le coût de la programmation demeure relativement bas. *Talk shows*, achats à petit prix d'émissions anciennes et amorties depuis longtemps, leur public, plus intéressé par les contenus et l'aspect informationnel de leur programmation ne sera pas rebuté pour autant. En revanche, pour l'information et le sport, il en est tout autrement. Mais, c'est avec le cinéma, la fiction et les documentaires que le problème de la pénurie et des coûts se posera le plus fortement : le potentiel de production européen, voire mondial, risque de ne pouvoir les nourrir toutes.

C'est pourquoi, on s'achemine vers différents types de stratégie de programmation (d'ailleurs déjà expérimentées par les chaînes hertziennes existantes) :

— *la multidiffusion*, qui consiste à programmer plusieurs fois le même programme à des heures différentes de façon à toucher des publics qui ne sont pas disponibles aux mêmes périodes de la journée, de la semaine ou du mois ;

— *le repackaging*, qui consiste, soit à remonter certains programmes dans des formats différents

(durée, approche du sujet, redécoupage d'un feuilleton), soit à proposer des habillages différents (soirées thématiques par exemple) ;
— *une multiplication des échanges et des coproductions* entre chaînes permettant de diffuser un même programme sur plusieurs canaux.

Pour autant, c'est sur la concurrence pour la détention des droits et les catalogues que la bataille se jouera : elle est maintenant engagée.

Pour leur part, les nouveaux services autorisés par le numérique vont occuper l'espace de diffusion en s'ajoutant aux bouquets de base des chaînes thématiques. Ils permettent une extraordinaire souplesse de programmation, ainsi que la création d'une relation très étroite entre le programme et son client allant, dans de nombreux cas, jusqu'à une action du second sur le premier :

— intervenir sur la programmation en choisissant les émissions, ou se construire sa propre programmation ;
— intervenir en direct sur le déroulement des programmes ou des jeux ;
— utiliser le téléviseur comme outil de travail et de formation ou comme terminal de transaction (*pay per view* et vidéo quasi à la demande, jeux interactifs ou *pay per play,* téléachat, téléconsultation de catalogues, éducatif).

Ainsi, les cultures et les moyens d'expression audiovisuelle vont s'affronter dans un contexte régi par les lois du marché (l'offre et la demande de produits). La possibilité d'élargir, instantanément, le nombre et la zone de diffusion de nos productions assure les bases d'une présence culturelle française, et peut entraîner une pénétration de nos produits (effets de synergie sur le film, la musique, etc.). Mais la question sera, en définitive, celle des marchés, c'est-à-dire des bassins d'audience et des publics.

Indépendamment des perspectives industrielles offertes à certains pays, le satellite oblige chacun à faire un choix quant aux avantages ou désavantages d'un lancement ; en intégrant notamment différentes données telles que la dimension du pays, la couverture existante (ou prévue) par des réseaux à terre (le câble comme l'hertzien), l'existence de zones d'ombre importantes, la nécessité éventuelle d'offrir des programmes supplémentaires, avec une large diffusion centralisée.

Enfin, toute réflexion économique doit obligatoirement prendre en compte le poids, autrement plus important, de l'équipement des usagers en systèmes de réception. Et dans ce contexte, le choix entre la réception individuelle et la réception collective, communautaire ou par l'intermédiaire d'un réseau câblé est une question essentielle, mettant en cause l'ensemble de la politique de diffusion d'un pays ou d'un opérateur et, par conséquent, les structures de son paysage audiovisuel à long terme. L'installation de systèmes de réception individuelle sera relativement bon marché et de dimensions limitées. En revanche, une installation collective ou communautaire, plus encombrante et plus coûteuse permettra de répartir ces contraintes sur plusieurs dizaines d'usagers. Elle offrira, en plus, un service plus performant (possibilités de recevoir des satellites plus éloignés). Mais ce phénomène sera encore renforcé par le niveau de développement du câble. En effet, la transparence des réseaux aux normes utilisées sur les satellites de diffusion directe, la cohérence, ou la non-cohérence, de la politique des terminaux (adaptateur-décodeur numériques) favorisera, ou non, la synergie câble/satellites.

Les évolutions des modes de réception câble et satellite sont fondamentales même si elles sont difficiles à estimer. Aucune étude ne fournit les mêmes estimations. Et ces estimations varient du simple au triple selon leurs sources et les intérêts de ceux qui les ont fournies. Seule constante de ces estimations, le partage entre câble et réception directe devrait être, au niveau européen en l'an 2000 de 1/3 pour la réception directe et 2/3 pour le câble, ce qui devrait donner un relatif pouvoir aux câblo-opérateurs, mais le rapport de force pourrait, ensuite, s'inverser très rapidement.

On pourrait presque dire que les satellites constituent la clé de voûte d'un des rares secteurs encore amené à se développer : clé de voûte pour la transmission des services, clé de voûte pour leur diffusion. La télévision et les médias en général, on en est certain ou presque aujourd'hui, en constitueront la plus grande partie du marché. Pourtant il est, comme pour toute prévision, pratiquement impossible de chiffrer avec certitude les évolutions de ce marché pour les dix ans à venir, rythme de développement, secteurs les plus porteurs, typologie des services, chiffres d'affaires. Si la perspective de développement est favorable, les voies qui y conduisent demeurent hypothétiques.

Par ailleurs, la télévision par satellite est un secteur extrêmement lent à développer. Aux États-Unis, la majeure partie des chaînes existantes a dû attendre de longues années (de cinq à dix ans) avant d'atteindre l'équilibre et souvent plus pour devenir bénéficiaire. Disposer d'un parc de réception suffisant pour constituer un marché, avoir la capacité d'investissement nécessaire pour offrir de bons programmes, constituent autant de contraintes auxquelles il est difficile et risqué de se soumettre. On assiste à ce phénomène en Europe où pratiquement seuls les groupes qui ont un potentiel d'investissement suffisant demeureront, à terme, présents sur le marché.

3. **La télécommunication.** — Les dynamiques d'évolution du monde de la télécommunication, fortement marquées par la nature des services et des technologies, tendent vers l'intégration des réseaux et des services grâce, notamment, à la numérisation des signaux. Cette évolution a conduit à la création d'un réseau universel apte à transmettre tout type d'informations accessibles par une même procédure.

La première étape de ce réseau est le réseau téléphonique commuté à bande étroite. Mais il se transforme progressivement en un réseau numérique à intégration de services (le réseau RNIS français : NUMÉRIS) : un nouveau réseau à large bande, se met petit à petit en place et se substituera, à terme, aux réseaux actuels.

A) **La numérisation.** — Cette évolution du réseau téléphonique est un processus aujourd'hui irréversible. D'une part, apparaissent des possibilités plus larges vis-à-vis des services nouveaux et une homogénéisation des procédures techniques testées au cours des différentes expériences. Mais, d'autre part, se sont mis en place et se sont développés des réseaux spécifiques comme TRANSPAC, ou TELECOM 2. Dès la généralisation du RNIS, les services vont pouvoir se développer dans le prolongement des premières utilisations ouvertes, fin 1988, en collaboration entre France Télécom et les premiers utilisateurs professionnels. A terme, va progressivement s'organiser une véritable mutation dans les entreprises, les banques, les administrations, et dans un second temps, dans le grand public.

B) **La révolution technologique.** — Les techniques de télécommunication optique à grand débit étant disponibles vers le début des années 90, mais les coûts d'investissement étant relativement élevés, la mise en place de ces équipements – les futures autoroutes de l'information – se fera très progressivement, en fonction de l'adéquation des services aux usages et aux marchés.

II. — Les programmes et les services à la demande

Les facteurs qui influent sur l'avenir sont différents selon qu'il s'agit de la vidéo domestique, de la vidéographie ou de la micro-informatique communicante.

1. **La vidéo domestique.** — Les enjeux du développement des magnétoscopes à cassettes et des lecteurs de disques optiques se posent, comme pour les autres techniques audiovisuelles, en termes industriels et culturels.

A cet égard, la position actuelle de la France paraît singulièrement dépendante, tant en matière de programmes, malgré la richesse de son patrimoine et de son potentiel de création, qu'en matière d'équipements, malgré le développement, par son industrie et l'industrie européenne, de technologies très performantes.

En effet, ces produits de grande diffusion impliquent des systèmes de fabrication et de distribution lourds et coûteux. Ceci conduit à la prédominance de grands groupes internationaux contrôlant les programmes ou les équipements, parfois même les deux, de façon intégrée.

Dans la phase initiale de pénétration, des amateurs fortunés ou motivés, la demande est, dans une certaine mesure, indifférente au prix. Mais une large diffusion des magnétoscopes à cassettes n'a été possible, dans le grand public, qu'à partir du moment où leurs coûts ont été au niveau de prix des téléviseurs « couleur », et où celui des supports a été assez nettement inférieur à la centaine de francs pour une heure.

Quant au disque optique, la standardisation, à court terme et même à moyen terme, semble difficile, même si, à l'été 1995 une trêve est intervenue dans la guerre des standards : alors que quatre fabricants japonais de disques se sont ralliés au standard Toshiba, le tandem Philips-Sony annonce l'ouverture de discussions avec Toshiba et Matsushita en vue de voir aboutir une norme unique. Mais surtout, le marché des lecteurs ne pourra prendre son essor que si un choix important de programmes est offert aux usagers. Et la réciproque est, hélas, aussi vraie : pour que le marché des disques se développe, il faudra nécessairement qu'existe, dans le public, un « parc » important de matériels. Dans ces conditions, il est probable que les vidéogrammes seront perçus, au moins dans le « grand public », comme complémentaires plutôt que concurrents.

Sans nul doute, l'évolution comparée du développement de la télévision à péage et du « parc » des magnétoscopes est l'un des moyens privilégiés pour considérer l'avenir de la vidéo domestique, sous ses différentes formes.

2. La vidéographie et les services en ligne. — Les paramètres intervenant dans le développement de ces services sont multiples. Ils concernent aussi bien les aspects technico-industriels que les problèmes économiques et financiers ou le développement des produits/contenus.

Il existe, actuellement, en exploitation, de nombreux systèmes de visualisation de textes sur des récepteurs de télévision « couleur » ou sur des écrans intégrés (micro-ordinateurs) ; les plus élaborés autorisant des services très complets (plusieurs dizaines de milliers de pages, possibilités graphiques extrêmement précises).

Mais, des contraintes industrielles et économiques influent sur le développement des services en ligne.

Télétel s'est développé dans le cadre des systèmes de télécommunication où le terminal était acheté en séries par la puissance publique (comme le récepteur téléphonique).

Compte tenu de cette politique, et de la volonté de mettre en place en France, en grand nombre, des terminaux pour la consultation des renseignements de l'annuaire, l'équipement des usagers, à la fin de la décennie 1980-1990, avait crû très rapidement. Cette politique volontariste, en se répercutant au niveau industriel, et donc sur les coûts, favorisa l'existence d'un parc de terminaux disponibles pour d'autres usages. Elle a autorisé, du même coup, le développement rapide des services.

Quant aux aspects économiques, la publicité n'est pas apparue comme une condition du financement des services. Mais, progressivement, elle est devenue une source de revenus. D'autant plus que, pour le grand public, ces services sont financés par des abonnements mensuels de quelques dizaines de francs ou un paiement à la consommation, ce qui représente une charge tout à fait acceptable pour les usagers.

Pour les services en ligne, s'appuyant principalement sur les micro-ordinateurs communicants, la question est de savoir dans quelle mesure l'évolution des performances, la baisse des prix des matériels, le développement des contenus, ainsi que les efforts de commercialisation des principaux acteurs réussiront à accélérer les mouvements et évolutions en cours. Différents éléments et différentes études (BIPE, INTECO, quotidien du multimédia, etc.) doivent être pris en compte :

— La croissance du nombre de ménages équipés est forte ; et elle devrait se poursuivre.

— La structure du parc évolue rapidement (80 % des achats 1994-1995 supportaient des applications multimédia) : fin 1995, on avait en France, environ 3 millions d'ordinateurs, dont près de 800 000 avaient un lecteur de CD-ROM, et près de 1 300 000 avaient un modem ; à la fin du siècle, sur un parc français total d'environ 8 millions d'ordinateurs, environ 5 millions auront un lecteur CD-ROM et environ 4 millions seront communicants (modem).

— La possession d'un micro-ordinateur est largement liée à la catégorie socioprofessionnelle des ménages, mais les dépenses de programmes sont assez atypiques : acquisitions de programmes fonctionnels par les CSP + ; programmes de loisir achetés par les CSP moyennes.

Enfin, pour les utilisateurs des services, une certaine incitation est nécessaire :

— *Une facilité de connexion* (quand on a surtout des usages utilitaires, Minitel est bien plus accessible qu'un micro car ce dernier est, « à la maison », rarement en veille), il faut trouver le moyen de connecter rapidement un micro aux bouquets de services.

— *Une ergonomie d'accès,* c'est-à-dire un moyen d'accès unique pour accéder aux services à l'instar du Minitel, puis dans chaque bouquet un langage personnalisé, une atmosphère, un ton, pousseront l'utilisateur à aller de façon régulière plutôt chez l'un que chez l'autre, mais qui ne l'interdira pas, pour des raisons d'abonnement, à visiter (consulter) l'autre.

— *Une tarification modulaire et souple,* à l'instar du kiosque (il est à noter que le kiosque a donné son essor à la télématique qui était partie sur un système par abonnement), avec la possibilité d'acheter un crédit d'heures (une avance sur consommation).

Le micro avec les atouts du multimédia donne, à l'inverse de Minitel, l'envie de flâner et il faut un système adapté à cette flânerie.

La microinformatique multimédia en France et dans le monde

Parc en milliers	1991	1992	1993	1994	1995 (*)
France :					
micro-ordinateurs	2 700	3 000			3 000
modems (parti-					
culiers et SOHO)					1 300
lecteurs CD-ROM					800

Parc en milliers	1996 (*)	1997 (*)	1998 (*)	1999 (*)	2000 (*)
France :					
micro-ordinateurs			6 000		8 000
modems (parti-					
culiers et SOHO)	500	1 000	1 850	2 950	4 000
lecteurs CD-ROM			4 800		5 000
(*) Estimation.					

Source : SDI, BIPE, INTECO, profession, industriels, rapports d'activité.

III. — Le comportement des ménages

Ainsi, les ménages pourraient, au cours des dernières années du siècle, s'équiper, outre le téléviseur auquel seraient rajoutés des périphériques (*set top box* plus ou moins interactives, lecteurs de CD-I, de DVD, etc.), de micro-ordinateurs communicants, nouveaux supports de services ; ils répartiront alors, leurs temps et leurs moyens financiers, sur différentes gammes de services, dans un processus de transfert d'un terminal vers un autre, d'un média vers un autre (croissances lentes des budget-temps et des sommes affectés à la communication).

Sur ces écrans, on verra s'installer, progressivement, différentes formes de services :

— De la distraction et du spectacle, dans une utilisation familiale (dans le séjour) et sur un écran de grande taille et/ou de bonne qualité. L'offre évaluera des chaînes généralistes (une dizaine) vers une profusion de chaînes thématiques (cinéma, sport, documentaires, jeux, météo, téléachat, etc.) ou de service (petites annonces, etc.), dont certaines intégreront progressivement des déclinaisons interactives *(set top box)* et qui pourront être couplées à des lecteurs de supports optiques (CD-I, DVD).

Les temps d'utilisation resteront, globalement, ceux de l'actuelle télévision (trois à cinq heures par jour). Mais, on assistera à une très forte segmentation des audiences ; certains programmes pouvant n'être regardés que quelques minutes par jour (météo) ou quelques heures par mois (PPV, téléachat).

— De l'information et du service, dans une utilisation individuelle et utilitariste (dans le bureau, une chambre) et sur un écran de taille plus réduite pouvant même être mobile (TV ou micro-ordinateur). Les principaux services concernés seront la distraction individuelle, l'acquisition de connaissances, le transactionnel et la communication interpersonnelle (micro-ordinateur communicant, TV + *set top box*, auxquels pourront être couplés des lecteurs de supports optiques – CD-ROM, DVD – actualisés par les réseaux). Les temps d'utilisations seront, probablement, beaucoup plus faibles que pour la télévision ; de l'ordre de 1 heure/mois pour les services du type de ceux de la télématique, jusqu'à une dizaine d'heures/mois (Internet, galeries marchandes) avec des dépenses moyennes qui devraient rarement excéder quelques dizaines de francs par mois et par foyer (100/150 F).

Ainsi, d'ici la fin du siècle, les répercussions du multimédia resteront probablement assez limitées, compte tenu de la lente évolution des parcs, de la pénétration modérée des infrastructures par rapport à celles acheminant les médias existants, et compte tenu de l'inertie des mentalités.

Chapitre II

LES MODALITÉS
DE COMMUNICATION

Les techniques ont leurs contraintes : en leur temps, la rareté relative des fréquences ou l'inégale répartition du spectre électromagnétique ressortit à ce que l'on appela, à tort ou à raison, la nature des choses. Réelle ou imaginaire, effectivement contraignante ou simplement illusoire, c'est elle qui semble tracer les limites à l'intérieur desquelles les sociétés choisissent leur avenir ou font semblant de le choisir.

Mais ce qui guide celles-ci, ce qui commande leurs choix, en deçà de l'idéal qu'elles se donnent, c'est la prise en compte des diverses modalités de communication, des formes variées que revêt la mise en relation, par les médias, de ceux qui émettent des messages avec ceux qui les reçoivent. Qu'ils le veuillent ou non, qu'ils le disent ou pas, c'est en pensant aux relations réciproques des émetteurs et des récepteurs de messages que les uns comme les autres, ingénieurs, industriels et politiques, ouvrent aujourd'hui les chemins du futur. Au-delà des nécessités de la technique, c'est par l'identification des modalités de « communication » que nous pourrons le mieux délimiter, à l'endroit des nouveaux médias, le champ des différents futurs possibles.

I. — Les classifications successives des médias

Depuis l'avènement de la télévision, les classifications se sont succédées, nombreuses à coup sûr, mais plus complémentaires que contradictoires. En vérité, chacune illustre plus particulièrement une époque de l'histoire récente des techniques de diffusion ou de communication. Elle témoigne de ses inquiétudes ou de ses espoirs. Et en un sens, elle démontre en même temps qu'elle nomme. Elle fait plus que désigner : elle qualifie.

1. **Des « mass media » aux « class media ».** — Ce n'est sans doute pas un hasard si l'usage consacre l'expression *mass media* avant le mot média : l'espèce est ainsi identifiée avant que le genre n'ait été défini. Le paradoxe, en vérité, n'est qu'apparent. Le parangon des *mass media,* c'est la télévision. Et le critère pour désigner la machine à communiquer des années 50, c'est l'étendue de son audience potentielle : la masse. Ainsi, dans le langage des années 50 et 60, les *mass media* désignent toutes celles des techniques permettant de diffuser des messages, quels qu'ils soient, auprès d'une audience vaste, dispersée et, partant, hétérogène. Du même coup, l'affiche, le disque sonore, le film et, bien sûr, la presse écrite et la radiodiffusion, sont baptisés du même nom.

En accréditant le substantif média, les années 60 prennent acte d'un fait et expriment une idée. Le fait, c'est la diversification et la spécialisation des prétendus *mass media :* aux États-Unis, Théodore Peterson parle des *minority media ;* en Europe, on évoque la naissance des *class media* ou des médias de groupe, après Henri Mercillon et René Berger. L'idée suggérée par McLuhan c'est que le terme média peut désigner n'importe laquelle des technologies prolongeant, à l'instar de l'outil de Bergson, les capacités de l'homme. L'idée, largement répandue par les devins de l'époque, esprits imaginatifs ou faux prophètes, c'est que le téléphone, le câble et le satellite sont au même titre que la presse et la radiodiffusion, des espèces technologiques appartenant toutes à un même genre.

L'ardeur à classifier, après les premières années 60, doit quelque chose à la recommandation de McLuhan : pour tirer le meilleur parti de ses intuitions, il convenait de caractériser par ses singularités chacun des médias existants. Du même coup, le caractère « massif » ou pas de l'audience cesse enfin d'être le critère exclusif. Pour René Berger vers la fin des années 60, ce critère est seulement privilégié : le directeur du Musée des Beaux-Arts de Lausanne distingue ainsi la macro-télévision, la méso-télévision et la micro-télévision, selon que l'audience est très vaste, régionale, ou bien que les équipements légers de la production vidéo sont accessibles aux individus habituellement passifs, le téléspectateur devenant lui-même un opérateur.

Dans le même esprit, le Canadien Jean Cloutier, fasciné par les promesses du câble et des vidéocassettes, voit apparaître une nouvelle catégorie de médias, baptisés *self-media,* qui s'ajoute à la dualité déjà célèbre aux États-Unis, des « mass » et des « group » médias : il désigne ainsi tous ceux des médias qui individualisent, simultanément ou électivement, l'enregistrement et la diffusion des messages.

Pour Jean Cloutier comme pour René Berger demeure essentiel le critère de l'étendue de l'audience potentielle, de la surface de ce que Jean Cazeneuve appelait en 1964 l' « aire de diffusion », en ce qu'il vise une caractéristique du média qui détermine nécessairement et de façon univoque l'utilisation qui en est faite ainsi que le contenu des messages réalisés et transmis.

2. **Le mythe de l'audiovisuel.** — Là réside, précisément, le risque de confusions auxquelles prêtent les distinctions de René Berger et de Jean Cloutier : il n'y a pas nécessairement correspondance, en vérité, entre les capacités du média et l'utilisation qui en est faite, entre son audience possible et son audience délibérément visée, entre son audience potentielle et son audience réelle. C'est du moins ce qu'enseigne l'histoire récente des médias : ceux que l'on dit « de masse » s'adressent de plus en plus souvent – ou de plus en plus longtemps – à des publics spécifiques ou minoritaires. Ce qui est vrai de la presse écrite ne l'est assurément pas moins pour la radiodiffusion et la télévision. De même les vidéocassettes, réputées self-media ou group-media, sont bien souvent le support de programmes destinés à des publics nombreux, hétérogènes et dispersés. Rares sont en réalité ceux des médias qui n'ont pas la capacité de s'adresser tantôt à tout le monde, tantôt à quelques-uns, selon le gré de leurs opérateurs. En ce sens au moins, ils constituent, chacun, tout à la fois un moyen de grande diffusion et un instrument de communications plus individualisées.

Il n'y a pas davantage de coïncidence nécessaire entre l'étendue de l'audience, virtuelle ou réelle, et un type particulier de contenu pour les messages : un même film peut être distribué par vidéocassettes ou disques optiques, projeté dans un cinéma de quartier, programmé par un grand réseau de télévision, ou bien encore proposé aux abonnés d'une télévision à péage, d'un réseau câblé ou dans un système de *pay per view*. Symétrique à la multiplicité des supports possibles pour une même œuvre, le caractère plurifonctionnel, voire multifonctionnel – une pluralité, une multitude – du récepteur de télévision est de plus en plus marqué : l'écran sert à visualiser des communications dont le contenu et la finalité sont extrêmement variés.

Enfin, il faut faire justice de la distinction, très répandue et pourtant dépassée, entre l' « écrit » et l'audiovisuel. Distinction trop bien servie, sans nul doute, par l'évidence des différences entre les langages : la parole, l'écrit, les images, fixes ou animées. Distinction habilement perpétuée par ceux qui en tirèrent argument pour soumettre la radio et la télévision à un monopole d'État vaincu par la presse écrite il y a plus de cent ans en France, et plus de deux siècles aux États-Unis.

Faudrait-il alors rapprocher le journal-papier, le vidéotex et le journal sur écran ou sur imprimante individuelle, sous le seul prétexte que le langage utilisé est dans tous les cas celui de l'écrit par opposition à l' « audiovisuel » ? Ou faudrait-il, à l'inverse, étendre l'application de certains monopoles européens de programmation aux services en ligne, voire au courrier électronique, parce que celui-ci comme ceux-là sont visualisés sur ce même écran qui reçoit les programmes des télévisions nationales ? Serait-il suffisant enfin, pour définir l' « audiovisuel », de se référer au mode de diffusion, par des voies électriques ou radioélectriques ?

En réalité, l' « audiovisuel » est un mythe. Il témoigne de l'incapacité de certaines sociétés à prendre en compte l'imbrication croissante des techniques qui permettent la diffusion ou la « communication » de la pensée et de ses œuvres. Il permet parfois de circonscrire l'exercice d'une libre parole dans les limites de la seule presse écrite.

Le rayon de diffusion, l'étendue de l'audience effective, les capacités de la technique, le langage utilisé, le contenu des messages, les services offerts par le média ou les missions qu'on lui a assignées : ce sont bien là les critères qui permettent de caractériser un « média », ancien ou nouveau, à un moment donné et pour une société déterminée. Mais aucun d'eux n'est décisif au point de permettre l'établissement d'un classement pertinent. Dans un autre langage : ces différentes caractéristiques ne semblent avoir entre elles aucun lien de nécessité ou de subordination. En d'autres termes, enfin : la combinaison de plusieurs de ces critères ne permet pas d'établir pour les médias une typologie qui soit utilisable pour les politiques ou les juristes et qui soit pertinente pour considérer les différents futurs possibles.

II. — La structure et les activités de communication

Commandée par le souhait de prévoir l'avenir, toute tentative de classification des médias se heurte, en réalité, à une double évolution. D'un côté, l'avènement de la radio et de la télévision, démultipliées ou transfigurées l'une et l'autre par les nouveaux médias, a commencé à inaugurer une vaste redistribution des rôles dans la communication des nouvelles, des connaissances et des œuvres de la pensée. D'un autre côté, tout se passe comme si les médias décrétés nouveaux levaient progressivement les frontières qui avaient séparé depuis toujours leurs aînés.

La redistribution des tâches et l'abolition des frontières entre les médias marquent l'avènement d'un nouveau système de communication lié à l'aventure des nouveaux médias et du multimédia : un réseau, plus ou moins ramifié et dense, où circulent des messages variés qui sont tous traduits dans le langage universel du codage numérique. D'un même mouvement, les ramifications de ce réseau favorisent l'expression de communautés restreintes, infranationales, et elles transcendent les frontières jusqu'à instaurer, de fait, un ordre « multinational » de l'information.

Ainsi, toute tentative pour entrevoir les futurs possibles des médias, toutes catégories confondues, renvoie, non pas à une classification nécessairement relative et toujours arbitraire des techniques, mais à l'examen simultané des virtualités que celles-ci recèlent, quant aux relations qu'elles permettent d'instaurer entre les gens, émetteurs et récepteurs de messages, et à celui des utilisations qui sont effectivement faites, par les gens, de ces techniques nombreuses et diverses.

L'important, c'est d'abord, en d'autres termes, ce que les ingénieurs appellent la « structure » de la communication et les juristes « la mise à disposition du public » : c'est là le critère décisif pour déterminer le régime juridique auquel il conviendra de soumettre, à l'avenir, les entreprises qui entendent offrir aux gens des services ou des programmes, de quelque nature que ce soit, par le truchement des techniques baptisées aujourd'hui multimédias. C'est la seule considération des modalités de « communication » possibles par un média, des multiples relations qu'il permet d'instaurer entre « émetteurs » et « récepteurs », qui peut guider le juriste, prisonnier des modèles inspirés par les médias les plus anciens, dans la détermination du statut auquel il faut soumettre l'entreprise offrant ses services ou ses programmes sur le marché : le régime de libre concurrence pour la presse, le monopole à géométrie variable pour la radiotélévision européenne, le régime du transporteur neutre (le « Common carrier ») ou du « secret de la correspondance » pour le téléphone, le télégraphe ou le télex.

L'important, ce sont ensuite et surtout, les diverses activités de diffusion ou de communication auxquelles se livrent effectivement les usagers des médias, afin de s'exprimer ou d'accéder à l'expression de la pensée d'autrui, quelle que soit la forme ou la finalité de cette expression : s'agit-il d'un simple échange, confidentiel ou confraternel ? de la propagation d'une cause sociale, politique ou religieuse ? de celle d'une identité particulière, celle par exemple d'une minorité ethnique ? Ou bien s'agit-il de la publication de messages susceptibles de retenir l'attention d'une communauté de voisinage ? ou de l'offre, sur un marché libre et ouvert, d'œuvres ou de nouvelles, de programmes ou de services, destinés à tout le monde ? En considérant la manière dont se répartissent ces diverses activités de communication ou de diffusion entre les gens, et entre les entreprises utilisant les médias, on évalue les conditions et le contexte dans lequel la liberté d'expression s'exerce, qu'il s'agisse de « communiquer » des nouvelles, des opinions, des informations, ou des œuvres de culture. Et elle permet du même coup aux artisans de l'avenir, ingénieurs, juristes ou politiques, d'envisager les implications de la technique, de ce fait que désormais existe, « techniquement », la possibilité pour chacun de se procurer des services ou des programmes, des informations ou des œuvres de fiction et de patrimoine, sur commande individuelle, quand il le veut, et par le moyen qu'il veut. C'est en pensant à ces diverses activités de communication, à leurs modalités respectives et à leurs implications respectives pour la liberté d'expression, que le législateur est fondé à mettre des bornes à certains de leurs accomplissements, au nom d'autres libertés, individuelles ou collectives.

Chapitre III

LES CHOIX DE L'AVENIR

En tant que techniques, les médias n'imposent pas leurs choix : ils amplifient seulement les implications d'options qui sont politiques, au sens fort du terme. Ainsi, l'avènement des nouveaux médias constitue déjà un défi, en ce qu'il invite à s'interroger sur les médias plus anciens, sur l'utilisation que les sociétés en ont fait, sur les missions qu'elles leur ont assignées, pour le meilleur ou pour le pire.

Interrogation ou mise en cause qui renvoie vers la détermination des véritables enjeux et vers celle des différents acteurs sociaux, individus ou groupes d'intérêts, dont la rivalité se traduit, selon un rythme et avec une intensité variable, par un débat public sur les choix qui engagent l'avenir.

Immanquablement polémique, la discussion publique s'ordonne plus ou moins explicitement autour de la double question : qu'est-il souhaitable de faire avec les nouveaux médias et le multimédia ? Et par quels moyens peut-on y parvenir ? Question éminemment politique : au nom de la liberté d'expression, il s'agit de déterminer les règles qui présideront à l'avènement des nouveaux médias et au développement des anciens.

I. — Les anciens médias interpellés par les nouveaux

En même temps qu'ils les défient, les nouveaux médias invitent les médias plus anciens à s'interroger sur eux-mêmes, sur les messages qu'ils transmettent, sur les régimes juridiques auxquels ils sont soumis, et sur les implications de leur action. Simultanément, l'irruption des nouvelles techniques favorise la dénonciation de certaines idées reçues sur l'information et sur la communication, idées reçues qui détournent souvent de l'examen des faits et justifient parfois des institutions difficilement justifiables.

1. **L'évolution des faits.** — L'information, au sens courant du terme, n'est plus ce qu'elle était : depuis 1945, son domaine n'a pas cessé de s'étendre. Pendant longtemps, l'information a été contenue dans les limites de l'actualité, des nouvelles, des « news », apanage presque exclusif des journaux et des agences. « Publique » ou « collective », l'information comprenait à la fois des faits et des commentaires. Et elle se définissait comme une catégorie inédite de l'État démocratique : elle opérait la transfiguration des sujets en citoyens, membres à part entière de la Cité. Sous l'empire des *mass media*, l'information publique était à la fois une réalité et une norme. Élément constitutif de l'ordre social, elle devait permettre à la démocratie de triompher sur le double despotisme des préjugés et des hommes.

Après 1960, tout se passe comme si l'information n'avait pas cessé de s'annexer de nouveaux territoires : la demande de messages s'est accrue en même temps que la possibilité de la satisfaire. L'information, désormais, ne se nourrit plus seulement de l'actualité, de cette histoire que les hommes font tandis qu'ils se la racontent à eux-mêmes. Des genres nouveaux se sont constitués différents par le contenu et la finalité, caractérisés chacun par ses procédures, ses poncifs et ses professionnels attitrés : les commentaires ou les analyses, chasse gardée des « columnists » ou des éditorialistes ; les informations spécialisées ou professionnelles, dont l'expansion suit les divisions du travail et des connaissances ; les informations dites « de services », qui se multiplient avec les complexités de la vie quotidienne ; enfin, les fameuses données, nées des capacités de mémorisation et de traitement des ordinateurs.

En même temps qu'elle modifie les contours et le contenu de

l' « information », l'arrivée simultanée des câbles, des cassettes, des lecteurs de supports optiques, des satellites et des micro-ordinateurs communicants, invite à considérer autrement les performances des médias plus anciens, la presse, l'édition, la radiodiffusion ou la télévision Alors que les *nouveaux médias* permettent souvent la commande individuelle, « bidirectionnelle », et qu'ils atteignent des publics « spécifiques », alors qu'ils promettent pour demain une surabondance de messages, ils signalent les obstacles ou les difficultés s'opposant à l'avènement d'une véritable société de communication. D'abord, celui de l'inévitable pénurie de programmes : c'est la demande qui, d'abord, « commandera » l'offre. Cette situation n'a rien d'inédit et la télévision ou les journaux des pays sous-développés, pauvres en programmes nationaux, en illustrent aujourd'hui les conséquences inéluctables. Ensuite et surtout, les audiences étroites, immanquablement homogènes et captives, seront favorisées aux dépens des audiences très vastes, hétérogènes et infiniment plus versatiles. Les implications d'une fragmentation accrue de l'audience des médias ne manquent pas, déjà, d'inquiéter le démocrate : jusqu'à quelle absence d'identité commune, jusqu'à quelle érosion de la solidarité ou de l' « être collectif », la diversité des messages et la multiplication des médias ne pourra-t-elle pas aller ? L'attachement à la Cité, l'intérêt pour les affaires de tous pourront-ils survivre à la multiplication des médias fonctionnant sur commande individuelle, alors que déclinent inexorablement les grands journaux, écrits ou parlés, nés en même temps que le journalisme moderne et les élections au suffrage universel ?

La pénurie des programmes, la fragmentation des audiences : dans un premier temps, les deux phénomènes se conjugueront, plus encore demain qu'aujourd'hui, pour accroître le coût des messages. Confiants dans les mécanismes du marché, les économistes ont beau rappeler que ce renchérissement est provisoire : l'argument n'écarte guère l'objection faite au nom de la discrimination en faveur des plus riches, aussi longtemps que les économies d'échelles n'auront pas accompli leur œuvre.

Mais ces deux phénomènes, en combinant leurs effets, rappellent également aux anciens médias ce que, par routine, ils auraient peut-être oublié. D'une part, que le pluralisme ne se confond pas avec la simple juxtaposition de soliloques, mais qu'il constitue un appel au dialogue, qu'il réside toujours dans un échange à plusieurs voix ou bien, si l'on préfère, qu'il est l'autre nom donné à ce que Platon appelait la dialectique. D'autre part, joints à la division des audiences, la rareté et le renchérissement des messages constituent pour les médias traditionnels – la presse, l'édition, la radio et la télévision –, une invitation à leur rendre une souplesse, une mobilité, en un mot, une proximité avec leurs « usagers », dont les politiques, et non les techniques, les ont, dans une certaine mesure, trop longtemps privés. Ils les obligent, en d'autres termes, à ne pas imputer à la nature des choses ce qui incombe à la seule volonté des hommes.

2. **L'évolution des idées.** — L'arrivée des nouveaux médias met également en cause certaines idées reçues sur l'information et sur la communication. Depuis 1945, l'information a été l'un des thèmes privilégiés de la rhétorique politique. Au point que chacun est prêt à admettre pour vérité d'évidence ce qui ressortit à la propagande. Inlassablement, les hommes publics, professeurs ou journalistes, politiques ou simples citoyens, ont répété que la démocratie triompherait nécessairement, le jour où chaque citoyen disposerait d'une information plus complète et plus objective. Conviction d'autant plus répandue qu'elle prête à toutes les transfigurations : ainsi l'équivalence entre l'information et la démocratie, version modernisée de cet autre slogan, tout aussi trompeur, qui assimile le savoir au pouvoir. De tels raccourcis idéologiques nourrissent encore la réflexion de certains de nos contemporains sur ce qu'ils appellent la société de l'information.

Certes, il est vrai que l'information, grâce aux techniques, circule désormais sur un réseau planétaire, avec des voies transcontinentales, des routes nationales et des chemins vicinaux. Il est vrai que l'information circule mieux aujourd'hui qu'hier, plus vite et en plus grande quantité : ses domaines sont plus variés et ses instruments plus performants. Mais le constat se heurte à une banalité : l'information ne vaut que pour celui qui a appris à s'en servir. Elle ne revêt de signification que par rapport à celui qui la diffuse. Et elle ne représente un pouvoir que pour celui qui la comprend et qui, en même temps, a les moyens d'en tirer un certain parti.

Les nouveaux médias nous le rappellent : la quantité d'information ne définit pas la qualité de l'engagement des citoyens dans la Cité. Ou bien, si l'on préfère, l'information n'annonce pas la démocratie. Et ce qui définit l'essence de la démocratie, ce n'est pas la quantité de nouvelles ou de journaux, mais la lutte inlassable contre les discriminations, du côté de ceux qui parlent et du côté de ceux qui écoutent.

En d'autres termes, c'est le combat sans fin contre l'inégalité des chances dans l'expression de ses propres pensées, sous quelque forme que ce soit, et dans l'accès aux œuvres des autres, quelles qu'elles soient. En même temps qu'ils l'ont mise à la mode, les nouveaux médias nous aident également à dissiper les ambiguïtés et les mirages de la communication. Entre ceux qui rêvent de la communication universelle et ceux qui redoutent le goulag électronique, en dépit ou à cause de leurs extravagances, nos concitoyens sont désormais plus nombreux à se garder à la fois du fatalisme et de la prophétie. Ils ont cessé de croire que les médias, décrétés tout-puissants, feront immanquablement pour le meilleur, demain, ce qu'on leur dit n'avoir fait, jadis, que pour le pire. Et ils découvrent peu à peu que la communauté précède la communication, bien plus qu'elle ne la suit, à la fois logiquement et chronologiquement. À quoi bon un téléphone sans carnet d'adresses ? À quoi bon des machines à « communiquer », si l'on n'a pas appris aux hommes avant qu'ils ne s'en servent, à vivre ensemble, à se parler, à s'écouter les uns les autres ?

II. — Le retour du politique

L'identification des futurs possibles pour les médias commence ou s'achève, en dernière analyse, à l'endroit même où les sociétés s'efforcent de maîtriser leur destin ou de s'en accommoder : sur les lieux de la politique. Par-delà les constructions juridiques, et en deçà de la liberté d'expression inlassablement invoquée, le problème posé est celui du rôle de l'État, de ses relations avec les moyens d'expression et, partant, de ses relations avec la société civile.

1. **Les constructions juridiques.** — Au juriste d'aujourd'hui s'imposent un constat et un impératif. Le constat, c'est que l'évolution récente des techniques a fait surgir des modalités de communication entre les hommes, entre les groupes ou avec des machines, qui ne correspondent à aucun des régimes juridiques institués pour la diffusion ou la communication des œuvres ou des idées : ainsi, les services en ligne à destination des micro-ordinateurs communicants, qui ne sont ni un « journal », ni un programme radiodiffusé, ni une communication « artificielle », par téléphone, entre deux personnes.

Il en résulte, pour le professionnel du droit, pour le législateur, l'obligation de concevoir des statuts différents prenant en compte, non plus les particularités des médias en tant que techniques, mais celles des diverses modalités de communication dont ces techniques sont les instruments souvent polyvalents ou plurifonctionnels : la « structure » de la communication, ou la « mise à disposition du public », pour la détermination *du statut des entreprises* de diffusion ou de communication ; les activités de diffusion ou de communication auxquelles se livrent celles-ci, comme critère d'application des différents *régimes juridiques* relatifs *au « contenu »* des messages échangés, propagés ou « publiés ».

L'impératif catégorique, au sens qui s'applique à un commandement de l'éthique politique, c'est de déterminer toujours ces règles de droit en conformité avec les exigences de la liberté d'expression, à seule fin que les médias, quels qu'ils soient, rendent l'exercice de celle-ci le plus aisément accessible à tous et à chacun. A défaut, les dispositions juridiques contredisent les principes dont elles se réclament et l'invocation de l'existence réelle garde toute sa fraîcheur contre le formalisme des lois.

2. **Les trois familles de médias.** — C'est la considération simultanée de ce constat et de cet impératif qui commande aux constructions juridiques présidant à la mise en place des médias de se réclamer de principes différents selon la famille à laquelle ils appartiennent : la distribution, la télédiffusion ou la télécommunication. Principes constituants, au sens de Montesquieu, qui découlent des rapports singuliers que chacune des modalités de communication entretient avec les libertés de la pensée. C'est la prise en compte de ces principes qui détermine le champ des futurs possibles pour les anciens et les nouveaux médias.

A) *Première famille :* celle des *médias ou des supports « autonomes »,* sur lesquels sont inscrits les messages, à l'instar du livre ou du journal. Parfois, les messages doivent être lus par des *équipements domestiques,* comme le magnétoscope ou le magnétophone et, maintenant, le lecteur de CD-I ou de CD-ROM. Parmi les supports qui requièrent des équipements de lecture, les films, les vidéogrammes, les audiogrammes, les vidéo-jeux, les logiciels. Ces médias font tous l'objet d'une « distribution » et ils ont en commun d'avoir été « édités » et d'être accessibles à tout le monde. A ce titre, ils entrent pareillement dans une logique qui est celle du marché. De cette particularité résulte sans nul doute le problème majeur auquel le juriste doit apporter une solution : il convient en effet de permettre la diffusion la plus large possible des « œuvres » écrites ou « audiovisuelles », tout en assurant une rémunération équitable à leurs auteurs. C'est à cette conciliation que s'attachent, avec des succès inégaux, les législations sur la « presse ». C'est à cette même conciliation que s'attachent aujourd'hui ceux qui plaident en faveur d'un « statut » pour l'« œuvre audiovisuelle ». Leur ambition est double : il s'agit, d'une part, d'unifier le régime de la création et de la production sur le plan de la propriété intellectuelle ; d'autre part, il s'agit de diversifier et d'harmoniser les régimes de l'édition et de la diffusion des « œuvres audiovisuelles ».

B) *Deuxième famille :* ceux qui permettent *la télédiffusion, large ou étroite* (*broadcasting* ou *narrowcasting*). Ce sont *les médias* que nous avons qualifiés de *raccordés*. Elle comprend tous ceux des équipements permettant à quelques-uns de programmer ou d'éditer des messages qui atteindront simultanément le grand nombre sur le modèle de la radiodiffusion des années 20 ou de la télévision des années 50. Large ou étroite, la télédiffusion, celle des messages envoyés sans adresse, constitue par nature un domaine tutélaire. Domaine qui, en tant que tel, obéit à une logique qui est celle des choix collectifs. Ainsi, toute activité consistant à diffuser, à programmer et à distribuer des messages pour des destinataires nombreux, messages véhiculés sous forme de signaux électriques traversant le « domaine public », ne peut être soumise, dans une société de libertés, qu'à un régime d'autorisation ou de concession. Pour le transporteur aussi bien que pour l'éditeur, il ne peut s'agir, en l'occurrence, que d'un régime de concession de service public quand la rareté confine à l'exclusivité, et d'un simple régime d'autorisation préalable, dès lors qu'on entre dans un domaine de rareté plus relative.

C) *Troisième famille* : celle de la *télécommunication bidirectionnelle ou multidirectionnelle,* ou bien, si l'on préfère, celle des *médias « interactifs ».* Elle regroupe tous ceux des médias (le multimédia), aux confluents du téléphone, du téléviseur et de l'ordinateur, qui permettent l'établissement de véritables communications – relations à double sens – entre individus, entre groupes déterminés ou avec des machines, en l'occurrence des bases de données, des banques de données, ou encore des vidéothèques, seront stockées des images accessibles. Depuis, par conséquent, les médias de téléconférences ou de télé-convivialité, jusqu'à la téléinformatique, en passant par la transmission d'images (télécopie ou visiophone) et les relations avec des personnes en déplacement (radiotéléphone ou système d'appel). Attentif aux exigences de la liberté, le législateur devra par conséquent définir un régime inédit, en empruntant à la fois au droit de la presse et au droit de la correspondance privée, dans la proportion exacte où la télécommunication multidirectionnelle s'apparente tantôt à celle-ci, par la réciprocité de l'échange, tantôt à celle-là, puisque l'expansion du vidéotex n'est guère plus limitée, « physiquement » ou « techniquement », que celle de la presse écrite. C'est donc l'absence de telles limites – le fait que la télécommunication peut vivre dans un royaume d'abondance – qui autorise la télécommunication à vivre pleinement sous un régime de liberté, à l'instar de celui qui s'applique à la presse écrite, excluant par conséquent toute autorisation préalable quant aux messages.

3. De nouveaux champs pour la liberté de communication ? — La multiplication et la différenciation des domaines de l'information, la mise en cause des idées reçues et des discours officiels sur la communication : précipitée par l'arrivée du multimédia, l'évolution simultanée des faits et des idées pose une fois de plus le problème des relations entre l'État, les citoyens et les différents moyens d'expression. Elle invite, d'abord, à un réexamen des conditions d'exercice, par chacun, de la liberté d'expression. Pendant longtemps, la liberté de l'information s'est identifiée à la seule liberté d'émettre des messages : liberté d'éditer des livres ou des journaux, liberté de concevoir et de programmer des émissions de radio ou de télévision. Désormais, la possibilité d'accéder sur commande individuelle aux informations et aux œuvres de son choix apparaît comme le pendant nécessaire à la liberté de rendre publiques des nouvelles ou des opinions.

Simultanément, l'évolution des faits et des idées pose la question des principes dont l'État se réclame pour exercer une « action », sinon un contrôle, à l'endroit des médias. En aucune autre époque, en effet, ces principes n'ont été à ce point contradictoires. D'un côté, les démocraties libérales se soumettent aux lois du marché, aux commandements de la confiance dans les mécanismes d'ajustements réciproques de l'offre et de la demande. Ce sont ces commandements qui, en dernière analyse, apportent une légitimité au régime d'initiative et de concurrence auxquels sont soumis les médias, grands ou petits. Mais d'un autre côté, les mêmes démocraties, au fil des années, invoquent de façon toujours plus explicite la « responsabilité sociale » des médias, en même temps que le droit de tous à l'information ou à la culture. Joint à l'idée vraie ou fausse, du pouvoir des médias sur la société, le double argument commande aux États d'édicter des réglementations au nom de l'intérêt public.

Ce sont les clichés sur l'information, sur son pouvoir et sur son rôle dans la société qui empêchent de délimiter tout à la fois le domaine et la finalité des interventions de l'État dans le domaine des techniques ou des technologies de la communication. Pourquoi l'État ne serait-il pas fondé, en effet, à organiser le « quatrième pouvoir », à l'instar du pouvoir de législation, d'exécution et de justice ? Il n'est pas moins vrai que nous sommes sensibles, en France peut-être plus que dans les autres démocraties occidentales, à l'argument de la « responsabilité sociale » des médias, au point d'admettre pour légitime n'importe quelle intervention du législateur ou des gouvernants – de l'État par conséquent, à travers ceux qui l'incarnent – dans la création des journaux, des organismes de radio ou de télévision, dans leur gestion, voire dans leurs contenus. Au point de plaider, au nom de l'intérêt public, pour une « moralisation » ou un « contrôle » de ces institutions qui n'a rien à voir avec les limitations que l'État a le devoir d'apporter à la liberté de rendre publics certains faits, certaines idées ou certaines œuvres, lorsque cette « publication » risque de porter atteinte à d'autres libertés également « fondamentales ».

L'accomplissement de certaines missions particulières – la mise en valeur du patrimoine culturel national, la valorisation de certaines institutions ou fondations culturelles, la propagation hors de ses frontières de l'image et de la voix de la nation – impose à l'État de gérer plus ou moins directement certains médias, dans des limites et avec des moyens clairement déterminés. Mais l'impératif démocratique lui commande de garantir à chacun d'utiliser librement le média de son choix, pour exprimer sa pensée ou pour accéder à l'expression de la pensée d'autrui, quelle que soit, dans les deux cas, la forme ou la finalité de cette expression.

En démocratie, la clarification des relations entre l'État et les médias est subordonnée, en dernière analyse, au respect d'un seul principe : le dernier mot doit revenir à ceux qui lisent les journaux, écoutent la radio ou regardent la télévision. Rien ne justifie que leur souveraineté soit entamée, si peu que ce soit. Elle réside dans leur faculté de choisir entre des journaux, ou entre des programmes et services nombreux et variés. Au regard des commandements de la liberté de communication, première parce qu'elle est la condition d'exercice de toutes les libertés personnelles ou politiques, les seuls maîtres des médias, ce sont leurs usagers. S'écarter, si peu que ce soit, de ce principe, au respect duquel la loi et les tribunaux doivent veiller, revient à s'écarter, qu'on le veuille ou non, de l'idéal de liberté d'expression qui constitue le fondement de l'ordre démocratique.

CONCLUSION

La télédistribution, la télévision à péage, les services
en ligne... Quels sont-ils, ces médias décrétés « multi »,
outils individuels et réseaux de communication
confondus ? Et quel sort réservent-ils à la liberté d'expression ? A la liberté de donner ou de recevoir des
nouvelles, de « communiquer » son opinion ou son
« savoir », de créer des œuvres, écrites, sonores ou
visuelles, et de les rendre « publiques » ?

Au détour de leur identification, de l'examen simultané de ce qu'ils sont et de ce que l'on voudrait ou
rêverait qu'ils soient, les nouveaux médias confirment
cet enseignement de l'histoire : quelles qu'elles soient,
les techniques de diffusion ou de communication ne
sont que ce qu'on en a fait. Ou mieux : elles ne deviennent jamais que ce qu'on croit qu'elles sont. Comme
leurs prédécesseurs, la presse, la radio, la télévision ou
le cinéma, les médias apparus ces dernières années
n'auront d'autre vocation, demain, que celle qui leur
est prêtée, aujourd'hui, tantôt par l'usage, tantôt par
l'imagination.

Ainsi, la détermination de l'avenir le plus probable
renvoie à la question : en quel sens ces différents
médias sont-ils vraiment nouveaux, qu'il s'agisse de
matériels autonomes tels que les CD-ROM et les
micro-ordinateurs, ou des réseaux de communication,
locaux ou planétaires ? Au sens faible du terme ?
Récent n'est pas toujours synonyme de novateur ou
d'original. En son sens le plus fort ? Prêts alors à
supplanter les anciens, la presse, l'édition, la radio et

la télévision, demeurées presque inchangées depuis qu'elles sont nées?

Il peut sembler facile, à coup sur, d'imaginer l'avenir, si les sociétés d'aujourd'hui, impuissantes ou irresponsables, cèdent à l'ivresse technologique ou à l'impatience des ingénieurs. Mais il est parfaitement hasardeux de penser cet avenir, aussi longtemps que les règles demeureront incertaines, qui président à l'avènement des nouvelles formes de l'expression et de la sociabilité? Aussi longtemps que la chance n'est pas offerte aux individus et aux groupes, d'adopter les nouveaux moyens d'expression et de rompre avec les académismes, distincts ou confondus, de la parole, de la pensée et du pouvoir.

Une certitude demeure, seule devant l'avenir: la société de demain ne sera issue ni de la lutte entre les classes ou les nations, comme le voulaient Marx et les darwiniens, ni de celle entre les espèces technologiques, comme McLuhan le pensait, quelques années avant les ingénieurs des télécommunications. Elle sera à l'image, cette société, des réseaux de l'interaction sociale, gage de la multiplication des échanges entre les hommes et entre les cultures, ultime recours de leur commune volonté de survie.

BIBLIOGRAPHIE

PRINCIPAUX OUVRAGES

Agence de l'informatique, Paris, L'informatisation de la société française, 1985.

Arsac (J.), *Les machines à penser. Des ordinateurs et des hommes,* Paris, Seuil, 1987, 256 p.

Audiovisuel (L'), techniques et communication, Cahiers français, n° 227, juillet-septembre 1986.

AXIS, Le complexe communication. Réseaux et services, Toulouse, Éd. Milan-Midia, 1988, 123 p. (coll. « Ecomédia »).

AXIS, Les mémoires optiques. La gestion de l'information de demain. Toulouse, Éd. Milan-Midia, 1988, 109 p. (coll. « Ecomédia »).

AXIS, La télématique, un marché en explosion, Toulouse, Éd. Milan-Midia, 1988, 105 p. (coll. « Ecomédia »).

Balle (F.), *Médias et sociétés,* 8e éd. augmentée et mise à jour, Paris, Montchrestien, 1997, 785 p.

Balle (F.), *Le mandarin et le marchand,* Paris, Flammarion, 196 p.

Baudelot (Ph.), Eymery (G.), *Les satellites et l'audiovisuel,* Paris, Éd. Dixit, 1994, 292 p.

Bertho (C.), *Télégraphes et téléphones. De Valmy au microprocesseur,* Paris, Le Livre de poche, 1981, 542 p.

Bidou (C.), Guillaume (M.), Prévost (V.), *L'ordinaire de la télématique. Offre et usages des services utilitaires grand public,* Paris, Éd. de l'IRIS, 1989, 155 p.

Breton (T.), *Les téléservices en France. Quels marchés pour les autoroutes de l'information ?,* Paris, ministère des Entreprises, La Documentation française, 1994, 616 p.

Breton (P.), Proulx (S.), *L'explosion de la communication,* Paris, La Découverte, 2e éd., 1993, 232 p.

Chamoux (J.-P.), *Menaces sur l'ordinateur,* Paris, Seuil, 1986.

Conservatoire national des Arts et Métiers, Paris, Interférences, *Deux siècles de communication à distance,* CNAM/MNT/AIHTI, Paris, Association internationale d'histoire des Télécommunications et de l'Informatique, 1985, 111 p.

Corbier (P.), *Le câble en France. La naissance d'une industrie,* Toulouse, Éd. Milan-Midia, 1988, 128 p.

Derieux (E.), *Droit de la communication. Recueil de textes. Jurisprudence,* 2e éd., Paris, Victoires Éditions, 1995.

Derieux (E.), *Droit de la communication. Recueil de textes. Législation,* 2e éd., Paris, Victoires Éditions, 1994.

Derieux (E.), *Droit des médias,* Paris, Dalloz, 1995, 162 p.

Dicenet (G.), *Le RNIS : réseau numérique à l'intégration de services,* Paris, Masson, 1987, 369 p.

Frèches (J.), *La guerre des images,* Paris, Denoël, 1986, 176 p.

Gabriel (M.), Germain (G.), *Le vidéodisque, banque d'images interactive ?,* Cedic, 1985, 159 p.

Gilder (G.), *Y a-t-il une vie après la télé ?,* Dagorno, 1994.

Guers (A.) de, *La France dans la guerre des Communications,* 1987, 269 p.

Huitema (C.), *Et Dieu créa l'Internet...,* Paris, Eyrolles, 1995, 201 p.

Ichbiah (D.), La Pommeraye (A.) de, Larcher (S.), *Planète multimédia,* Paris, Dunod, 1994, 296 p.

Images par le câble, La Documentation française, 1983, 308 p. (CNET/INA).

Jouet (J.), *La communication au quotidien. De la tradition et du changement à l'aube de la vidéocommunication,* Paris, Documentation française, 1985, 240 p. (CNET/ENST).

Juston Coumat (R.), *L'interactivité. Bidirectionnalité et feed back dans la communication de demain,* Toulouse, Éd. Milan-Midia, 1989, 99 p. (coll.« Ecomédia »).

Laulan (A.-M.), *La résistance aux systèmes d'information,* Paris, Retz, 1985, 161 p.

Lauraire (R.), *Le téléphone des ménages français : genèse et fonctions d'un espace social immatériel / Idate,* Paris, Documentation française, 1987, 221 p. (Idate communication et société).

Lhoest (H.), *L'Interdépendance des médias,* Strasbourg, Conseil de l'Europe, 1983, 66 p. (Dossiers sur les mass media).

Libois (L.-J.), *Genèse et croissance des télécommunications,* Masson, 1983, 416 p. (CNET/ENST).

Lunven (R.), Vedel (T.), *La télévision de demain,* Paris, Armand Colin, 1993.

Marchand (M.), *La grande aventure du Minitel,* Paris, Larousse, 1987.

Médias et changements sociaux, sous la dir. de F. Rabaté, Paris, Documentation française, 1985, 167 p. (IDATE-Caisse des dépôts et consignations).

Médias (Les), *Cahiers français,* n° 266, La Documentation française, mai-juin 1994, 104 p.

Mercier (P. A.), Plassard (F.), Scardigli (V.), *Société digitale. Les nouvelles technologies au futur quotidien,* Paris, Le Seuil, 1984, 218 p.

Missika (J.-L.), Wolton (D.), *La folle du logis,* Gallimard, 1983, 338 p.

Monet (D.), *Le multimédia,* Paris, Flammarion (Dominos), 1995, 126 p.

Negroponte (N.), *L'homme numérique,* Paris, Laffont, 1995, 296 p.

Nora (D.), *Les conquérants du cybermonde,* Paris, Calmann-Lévy, 1995, 440 p.

Nora (S.), Minc (A.), *L'informatisation de la société,* Paris, La Documentation française, 1978.

Notaise (J.), Barda (J.), Dusanter (O.), *Dictionnaire du multimédia,* AFNOR, 1995, 886 p.

Organisation de coopération et de Développement économiques, *Satellites et fibres optiques. Concurrence et complémentarité,* Paris, OCDE, 1988, 42 p. (PIIC).

Pinaud (C.), *Entre nous les téléphones. Vers une sociologie de télécommunication,* Paris, INSEP, 1985, 341 p.

Rabaté (F.), *La télévision au local. TV locales, canaux locaux,* Toulouse, Éd. Milan-Midia, 1988, 126 p. (coll. « Ecomédia »).

Rosnay (J.) de, *L'homme symbiotique : regards sur le troisième millénaire*, Paris, Seuil, 1995, 350 p.

SIMAVELEC, *L'électronique grand public française, 1993-1994*, Paris, SIMA-VELEC, 1994, 23 p.

Télécommunications. Objectif 2000, par un groupe de prospective sous la direction de A. Glowinski. Préface de G. Théry, Paris, Dunod, 1980, 224 p. (CNET/ENST).

Télématique et communication, un nouveau droit ?, Entretiens de droit de l'informatique, octobre 1983. Agence de l'informatique, Economica, 1985, 136 p.

Théry (G.), *Les autoroutes de l'information*, Paris, « Coll. des Rapports officiels », La Documentation française, 1995, 127 p.

DANS LA COLLECTION. « QUE SAIS-JE ? »

Albert (P.) et Tudesq (A. J.), *Histoire de la radio-télévision*, n° 1904, 4ᵉ éd.
Bertrand (C. J.), *Les médias aux États-Unis*, n° 1593, 4ᵉ éd.
Cazenave (F.), *Les radios libres*, n° 1867.
Chaumier (J.), *Banques de données*, n° 1629.
Demarne (P.) et Rouquerol (M.), *Les ordinateurs électroniques*, n° 832.
Dufour (A.), *Internet*, n° 3073.
Frèches (J.), *La télévision par câble*, n° 2234.
Laffay (J.), *Les télécommunications*, n° 335.
Mathelot (P.), *L'informatique*, n° 1371.
Mathelot (P.), *La télématique*, n° 1970.
Matras (J.-J.), *Audiovisuel*, n° 1575.
Matras (J.-J.), *Radiodiffusion-Télévision*, n° 760.
Michel (H.), Angoulvent (A.-L.), *Les télévisions en Europe*, n° 2719.
Paul (J.-P.), *Économie de la communication TV Radio*, n° 2607.
Poyen (J. et J.), *Le langage électronique*, n° 900.
Renard (B.), *Le calcul électronique*, n° 882.
Terrou (F.), *L'informatique*, n° 1000.
Toussaint (N.), *L'économie des médias*, n° 1701, 3ᵉ éd.

PUBLICATIONS PÉRIODIQUES FRANÇAISES

Antennes, TDF, Paris.
Bulletin de l'IDATE, Montpellier.
Dossiers de l'Audiovisuel, INA, Paris.
Écran total, Paris.
INA MAG.
Inf-Câble.
La Lettre de Télétel, DGT, Paris.
La Lettre des Médias, Paris.
Le Quotidien du multimédia, Paris.
Les Cahiers multi-médias.
Médiaspouvoirs, Paris.
Minitel Magazine, Paris.
Réseaux (Cnet).
Revue du Minitel, Paris.
Revue française des Télécommunications, Paris.
Sonovision, Paris.

TABLE DES MATIÈRES

TROISIÈME PARTIE

LES FUTURS POSSIBLES

Imprimé en France
Imprimerie des Presses Universitaires de France
73, avenue Ronsard, 41100 Vendôme
Octobre 1996 — N° 42 893